CIEN DÍAS

EN EL LUGAR SECRETO

GENE EDWARDS

Publicado originalmente en inglés con el título:
100 Days in the Secret Place
by Destiny Image
Shippensburg, PA, USA
Copyright © 2001 by Gene Edwards
All rights reserved.

Edwards, Gene.
Cien días en el lugar secreto. -Destiny Image International, 2018.
    ISBN 13: 978-0-7684-4746-0
    eISBN 13: 978-0-7684-4747-7
    1. Clásico/ Bíblico

Índice

Mme. Guyon

El camino interior

Fénelon

Molinos

Índice

INTRODUCCIÓN

Son muy raras las ocasiones en que una generación produce una serie de grandes cristianos. Tal vez el único momento de la historia de la Iglesia en el que *cuatro* personas así adquirieron prominencia, fue el final del siglo XVII. Una de ellas era Jeanne Guyon, cuyos escritos son venerados y leídos hoy más que nunca antes. La segunda persona era un amigo suyo, el arzobispo francés Fénelon. La tercera es la única persona cuyos escritos son casi tan populares como los de Jeanne Guyon. Era un simple siervo de la orden de monjes carmelitas. Se llamaba el Hermano Lorenzo. Él y Jeanne Guyon fueron contemporáneos y ambos vivieron en Francia al mismo tiempo, aunque nunca se conocieron.[1] El cuarto no es tan conocido hoy. Sin embargo, en sus tiempos era mejor conocido que los otros tres juntos. Se llama Miguel de Molinos. Murió sellado en las mazmorras de una prisión en Roma. Su libro *Guía espiritual* quedó virtualmente olvidado, hasta que fue resucitado hace poco tiempo. La calidad de este libro no tiene rival.

He aquí una breve mirada a las vidas de las tres personas cuyos escritos se encuentran en este libro de devoción.

---

1. Las obras del Hermano Lorenzo sobreviven en la forma de cartas a sus amigos. Si quiere leer esas cartas, vea *Practicing His Presence,* por el Hermano Lorenzo, SeedSowers Publishing House; Jacksonville, FL.

BIOGRAFÍAS

FRANÇOIS DE FÉNELON

Son pocos los cristianos que han sido venerados casi desde el momento que entraron en escena. Uno de ellos es François de Fénelon.

Aun hoy, en la historia de Francia se le honra como uno de los hombres más santos y piadosos que hayan atravesado jamás el escenario de la historia católica romana. Ascendió con rapidez a la categoría de obispo, y después a la de arzobispo. En el tiempo en que los hugonotes (protestantes franceses) fueron obligados a salir de Francia, el rey le dio a Fénelon la responsabilidad de instruir a aquellos protestantes que estuvieran dispuestos a entrar en la Iglesia Católica. También se le encomendó el nieto de Luis XIV, heredero del trono, para que lo adiestrara en el caminar espiritual con Jesucristo. (Lamentablemente, este prometedor joven murió a muy temprana edad). En la historia de Francia llegó un momento en que toda la nación se centraba en tres personas: dos arzobispos, Fénelon y Bossuet, y Jeanne Guyon. Los dos arzobispos discutían sobre las enseñanzas de Jeanne Guyon. Trate de imaginarse dos arzobispos católicos romanos de fines del siglo XVII debatiéndose en público acerca de una mujer. Si algo así hubiera sucedido en nuestros tiempos, habría llenado los titulares de todos los periódicos y se habría convertido en la historia principal de todo noticiero radial o televisado. Nunca antes había sucedido algo así. La pregunta era muy sencilla: ¿Era Jeanne Guyon una hereje, o era una de las grandes voces espirituales de la Iglesia Católica?

Más tarde, después que Mme. Guyon desapareció en la prisión de la Bastilla, surgieron las cartas de Fénelon como algo sin paralelo por su profundidad espiritual. Nunca se ha dejado de imprimir esas cartas; su vida y sus virtudes han sido imposibles de agredir.

Durante los últimos años del siglo XVII, Bossuet era considerado el Martín Lutero de la Iglesia Católica. Era más famoso que ningún otro en sus tiempos. Hoy en día, su nombre casi se ha perdido en el olvido.

Entre los escritos de Mme. Guyon y de Fénelon va a encontrar los tesoros espirituales más ricos que se puedan hallar hoy a su alcance.

Fénelon murió en 1715 como consecuencia de un accidente que sufrió mientras atravesaba un puente en un carruaje.

La muerte de Mme. Guyon y la de Fénelon marcan el final de una época, no sólo en la historia de Francia, sino también en la historia cristiana. Desde entonces no ha habido voz alguna que se haya alzado para llevar a los creyentes a las alturas de las riquezas espirituales, como las de ellos.

MIGUEL DE MOLINOS

Todo lo relacionado con Miguel de Molinos parece una tragedia. Sin embargo, necesitamos recordar que hubo un tiempo en que Miguel de Molinos era venerado en la Iglesia Católica tanto como sus dos luminarias mayores: Santa Teresa y San Juan de la Cruz, ambos españoles.

¿Es coincidencia que Miguel Molinos naciera también en España unos cien años después de San Juan de la Cruz y de Santa Teresa?

Siendo joven, Molinos fue llevado a Roma, al Vaticano. Allí se convirtió en una de las personas más influyentes, para serlo después en toda Italia y a lo largo y ancho de Europa. Su ministerio atraía a miles de personas. Se dice que hubo un momento en que veinte mil personas estaban participando en reuniones en sus hogares para seguir su libro *Guía espiritual.* La orden jesuita comenzó a sentir gran temor y fuertes celos de él. Se le hicieron acusaciones. Se encontró que aquellas acusaciones no tenían fundamento, y creció su influencia. Más tarde, sus libros se abrieron paso en todos los idiomas de Europa occidental. Hay quienes han supuesto que su *Guía espiritual* influyó en Jeanne Guyon. Es casi seguro que no es cierto; sin embargo, la historia los clasifica a ambos como quietistas, porque ambos enseñaban que la voluntad de Dios era que estuvieran quietos ante Dios y en la presencia de la persecución. Otra forma de describir lo que enseñaban es que los cristianos deben permanecer indiferentes ante las cosas negativas que les suceden.

Nuevamente, los jesuitas trataron de destruir a Molinos. Finalmente se le obligó a someterse a juicio en 1687. En él, Molinos fue hallado culpable de herejía. En toda Europa quemaron sus libros. Además, el Vaticano puso la *Guía espiritual* en su lista negra. Si alguien se atrevía aunque fuera a poseer el libro, esto significaba la excomunión automática de la Iglesia.

Molinos fue encerrado en una mazmorra sellada, y nunca se volvió a ver su rostro. Murió en 1696. Sin embargo, hay una historia según la cual mientras estaba en la mazmorra se "arrepintió" de sus enseñanzas. El papa declaró día de fiesta en Roma. La gente danzó por las calles al oír que el "gran hereje" se había retractado. En la bóveda donde se le puso sólo aparecen estas palabras: "Miguel de Molinos, el gran hereje".

Molinos fue procesado en secreto. Nunca se ha permitido conocer la transcripción de ese juicio. Hasta el día de hoy se la mantiene bajo candado. El Vaticano se niega a darle acceso a nadie a estos documentos. Al parecer, caminar cerca del Señor es algo que no es religiosamente aceptable. Tal vez lo único que haya mantenido vivo el recuerdo de Miguel de Molinos sea la acusación de que Jeanne Guyon se encontraba entre sus estudiantes.

Sólo recientemente se ha vuelto a imprimir la *Guía*

espiritual, su monumental obra.

Las obras de Mme. Guyon, Fénelon y Molinos tienen notables parecidos entre sí en muchos sentidos. Tal vez el aspecto más exclusivo de este parecido sea el hecho de que hayan sido todas tan prácticas.

Hay una gran cantidad de verbosidad espiritual, pero por lo general se puede notar que este tipo de escritores muy raras veces descienden a la práctica. Estos tres conocían los problemas a los que nos enfrentamos cuando tratamos de caminar junto al Señor Jesucristo. También los tres ofrecieron soluciones a nuestros problemas. Su vida refleja lo que enseñaron. Los tres tenían esa rara disposición para ir a la cruz; para no atacar ni defender.

Ahora usted tiene en su posesión un centenar de páginas de sus escritos. En todo el idioma no va a poder encontrar literatura mejor para señalarle hacia el Señor y sus caminos. Quiera Dios que estos tres testigos suyos se unan en una sola voz para hablarle a su vida.

Jeanne Guyon

Son pocas las personas que están conscientes de la increíble influencia que Jeanne Guyon ha tenido sobre la familia cristiana en los últimos trescientos años, mucho mayor que algunos fundadores de denominaciones, y tal vez más que *todos* los que tienen un nombre grande y famoso en la historia cristiana. Sólo hay un autor, procedente del mismo siglo en que ella vivió, que la supera. Se llama Guillermo Shakespeare. De hecho, son los dos únicos escritores del siglo XVII cuyos libros aún son *muy* populares.

Jeanne Guyon es la mujer más leída en la historia cristiana. Aun hoy, su influencia abarca todo el planeta. Sus libros han sido publicados en todos los idiomas principales. Nadie ha escrito jamás con la profundidad con la que escribió esta mujer. Hay que llevar al corazón y atesorar sus palabras. Es una autora cristiana sin paralelo.

Jeanne Guyon nació en 1648. Cuando llegó a los treinta años, ya se hallaba entre los cristianos más influyentes de Francia. Sin embargo, tal parece que no pudo evitar los problemas con la Iglesia Católica. Fue encarcelada en el convento de monjas de Antonio, aun antes de ser famosa. Más tarde, fue arrestada en diversas ocasiones. Esos arrestos se basaban más en los celos y las intrigas que había en la corte de Luis XIV, que en nada que tuviera que ver con sus escritos o su vida. Mme. Guyon fue finalmente obligada a comparecer ante un tribunal investigador. Fue juzgada por su biografía y por sus libros *El Cantar de los cantares* y *Torrentes espirituales*. Dos de los tres obispos que formaban el tribunal presentaron la moción de ponerla en libertad, con lo que forzaron al tercero, que era el arzobispo Bossuet, a estar de acuerdo con ellos. Sin embargo, Bossuet la engañó haciendo que dejara sus diócesis, y diciendo que ella lo hacía sin permiso suyo. Luis XIV la odiaba, e hizo que la arrestaran con este pretexto.

Como castigo, la internaron primero en la torre de Vincenne, y trasladada más tarde a la Bastilla.

La autobiografía de Mme. Guyon, escrita para inspección privada, se ha convertido en una de las biografías más importantes de la historia cristiana.

No va a hallar ningún escritor de generación alguna que haya alcanzado la profundidad alcanzada por ella. Léala, y léala bien. Es lo mejor que la fe cristiana puede ofrecer, en especial a los que buscan un caminar más profundo con Cristo.

EL CAMINO DE LA CRUZ

ABRAZAR LA CRUZ

Necesitas aprender a separarte de los pensamientos innecesarios e inquietos que brotan del amor a sí mismo. Cuando dejes a un lado tus propios pensamientos, te hallarás totalmente en medio de la senda recta y estrella. Vas a experimentar la libertad y la paz que fueron pensadas para ti como hijo de Dios.

Yo trato de seguir el mismo consejo que les doy a otros. Sé que debo buscar la paz de la misma forma. Muchas veces, cuando sufrimos es la vida de nuestra propia naturaleza la que nos causa dolor. Cuando alguien está muerto, no sufre. Si estuvieras totalmente muerto a tu vieja naturaleza, ya no sentirías muchos de los dolores que ahora te molestan.

Soporta con paciencia los achaques y dolores de tu cuerpo. Haz lo mismo con tus aflicciones espirituales (es decir, las angustias que te son enviadas y no puedes controlar). No hagas más pesada la cruz en tu vida volviéndote tan ocupado, que no tengas tiempo para sentarte calladamente ante Dios. No te resistas ante lo que Dios traiga a tu vida. Debes estar dispuesto a sufrir, si es eso lo que se necesita. El exceso de actividad y la obstinación sólo servirán para aumentar tu angustia.

Dios te prepara una cruz que debes abrazar sin pensar para nada en tu propia conservación. La cruz es dolorosa. Acepta la cruz, y vas a hallar paz aun en medio del torbellino. Permíteme advertirte que si alejas de ti la cruz, tus circunstancias se van a volver doblemente difíciles de soportar. A la larga, es más duro vivir con el dolor de resistirse a la cruz, que la cruz misma.

Tienes que ver la mano de Dios en las circunstancias de tu vida. ¿Quieres sentir la felicidad verdadera? Sométete pacífica y sencillamente a la voluntad de Dios y soporta tus sufrimientos sin luchar. No hay nada que acorte y suavice tanto tu dolor, como el espíritu que no se resiste ante tu Señor.

Aunque esto parezca maravilloso, es posible que no impida que trates de negociar con Dios. Lo más duro en el sufrimiento es no saber lo grande que va a ser, o el tiempo que va a durar. Te vas a sentir tentado a tratar de imponer algún límite a tu sufrimiento. Sin duda, vas a querer controlar la intensidad de tu dolor.

¿Ves el control obstinado y escondido que tienes sobre tu vida? Este control es el que hace necesaria la cruz en primer lugar. No rechaces toda la obra que el poder de la cruz podría realizar en ti. Lamentablemente, te vas a ver forzado a pasar por el mismo terreno una y otra vez. Peor aún, vas a sufrir mucho, pero tu sufrimiento no tendrá razón de ser alguna.

Que el Señor te libre de caer en un estado interior en el cual la cruz no esté obrando en ti. Dios ama al dador alegre. (Lee 2 Corintios 9:7). Imagínate lo mucho que debe amar a los que se abandonan a su voluntad alegre y totalmente, aunque el resultado sea su propia crucifixión.

FÉNELON

LA CRUZ, UN LAZO DE AMOR

Siento lo que me dices acerca de tus problemas, pero estoy seguro de que comprendes que tienes que llevar la cruz con Cristo en esta vida. Muy pronto vendrá un tiempo en que no vas a sufrir más. Vas a reinar con Dios, y Él te va a quitar las lágrimas del rostro con su propia mano. En su presencia, el dolor y los suspiros huirán para siempre.

Así que, mientras tienes la oportunidad de experimentar pruebas difíciles, no pierdas la más mínima oportunidad de abrazar la cruz. Aprende a sufrir en humildad y en paz. Tu profundo amor por ti mismo hace que la cruz te sea demasiado pesada de cargar. Aprende a sufrir con sencillez y con un corazón lleno de amor. Si lo haces, no sólo vas a ser feliz a pesar de la cruz, sino también a causa de ella misma. Al amor le agrada sufrir por el Bienamado. La cruz que te conforma a su imagen es un lazo que consolida el amor entre tú y Él.

—FÉNELON

CONFÍALE A DIOS TU AMOR PROPIO

No me cabe la menor duda de que Dios te trata como uno de sus amigos al darte la cruz. Su forma de hacer las cosas realiza sus propósitos más rápido que ninguna cosa que se te pudiera ocurrir a ti. Dios puede hallar y destruir las raíces del amor propio. Tú, por ti solo, nunca hallarías esas raíces escondidas. Dios puede ver toda la senda del amor propio dentro de tu corazón. Deja que sea Él quien ataque ese amor propio en su punto más fuerte.

Ora para tener fortaleza y fe suficientes de manera que te puedas confiar a Dios por completo. Síguelo con sencillez dondequiera que te guíe, y no tendrás que idear grandes planes para lograr tu perfección. Tu nueva vida comenzará a crecer de una manera natural.

Sé que preferirías ver el camino que tienes por delante, en lugar de confiar en Dios. Si sigues así, el camino se te va a hacer más largo, y tu progreso espiritual va a ser más lento. Entrégate a Dios tan completamente como puedas. Hazlo hasta tu último suspiro, y Él nunca te va a abandonar.

—FÉNELON

LA SENDA DE CRISTO

Dios terminará probándote en todos los aspectos de tu vida, pero no va a permitir que tus pruebas lleguen a ser mayores de lo que puedas soportar. Deja que Él use esas pruebas para ayudarte a crecer. No trates de medir tu progreso, tus fuerzas, ni lo que Dios está haciendo. Su obra no es menos eficaz, porque lo que está haciendo sea invisible. Gran parte de la obra de Dios se hace en secreto, porque no querrías morir a ti mismo si Él extendiera visiblemente su mano siempre para salvarte. Dios no te transforma sobre una cama de luz, vida y gracia. Su transformación se hace en la cruz, en las tinieblas, la pobreza y la muerte.

¿Qué preguntas válidas tienes acerca de la verdad del cristianismo? En realidad, temes tenerte que someter a alguien que no seas tú mismo. También temes tener que caminar por el difícil camino que te llevará a conformarte a la imagen de Cristo. Ves con claridad los sacrificios que vas a tener que hacer para seguir a Cristo por completo, y estás retrocediendo asustado.

Cristo no dijo: "Si alguno quiere venir tras de mí, que disfrute, que se ponga ropajes hermosos y se embriague con deleite". Ni siquiera dijo jamás: "Alegraos de que sois perfectos, y de que podéis ver lo bien que os va". No; lo que Jesús dijo fue: "Si alguno quiere venir en pos de mí, niéguese a sí mismo, y tome su cruz, y sígame". Su senda recorre la ladera de una elevada montaña donde la muerte va a estar presente a cada paso. (Lee Mateo 16:24).

Aún no ves el aspecto placentero que tiene seguir a Cristo. Ves lo que Él se lleva, pero no lo que Él te da. Exageras los sacrificios y pasas por alto las bendiciones.

Pablo te dice que quieres estar vestido, pero es necesario que te desnudes antes de poderte revestir de Cristo. Permítele que te quite tu amor propio en todos tus ropajes, de manera que puedas recibir la túnica blanca lavada en la sangre del Cordero. Sólo necesitas su pureza.

Escucha lo que te dijo. No es fácil oírlo, pero va a alimentar tu espíritu. No escuches la voz que te sugiere que vivas para ti mismo. La voz del amor propio es más poderosa aún, que la voz de la serpiente. Si el mundo nunca pidiera más que aquello que tú pudieras dar por amor, ¿acaso no sería un amo mejor?

Cristo no deja vacíos dentro de ti. Vas a ser guiado a hacer cosas que vas a hallar agradables, y te van a gustar más que hacer todas las cosas que te han descarriado. Qué feliz vas a ser cuando no poseas nada propio, sino que te hayas entregado por completo a tu Señor. Desposada de Jesús, qué hermosa eres cuando ya no tienes nada propio, sino que sólo buscar su belleza. Entonces harás las delicias de tu Novio, y Él será toda tu belleza. Te amará sin medida. Pondrá su propia vida en ti.

—FÉNELON

LOS CAMINOS DE DIOS

Cuando Dios comienza a ocuparse de tu vieja naturaleza, se va directamente al centro de todo lo que es más amado para ti. Permíteme llevarte la cruz en el centro mismo de quien tú eres. No te quejes ni te agites cuado comience el proceso. El silencio y la paz te van a ayudar mucho más que el enojo.

Te vas a sentir tentado a hablar con un tono de humildad en la voz para contarles a otros tus problemas. ¡Ten cuidado con esto! La humildad que sigue siendo conversadora no es muy profunda. Cuando hablas demasiado, tu amor propio deja ver un poco sus sentimientos de vergüenza.

No te enojes con lo que dice la gente. Tú sigue a Dios y déjalos a ellos que hablen. En cuanto a la gente se refiere, nunca la vas a poder satisfacer. El silencio, la paz y la unión con Dios te deben consolar de todo lo que la gente diga de ti. Necesitas estar decidido a hacer lo correcto en tu situación presente, pero al mismo tiempo, tu tendencia a la ira necesita que la frenes y busques un equilibrio. Acude con frecuencia a Dios para sentarte en su presencia y renovarte. No hay nada más importante como la humildad de corazón y el desapego de tu opinión y voluntad propias. La rigidez y la aspereza no son el espíritu de Jesucristo.

—FÉNELON

TOMA TU CRUZ

Si llevas la cruz con sencillez, sin permitir que tu amor propio le añada toda suerte de dilemas, tu vida va a ser más fácil. Cuando aceptas la cruz y le permites con sencillez que haga la obra que Dios tiene pensada, vas a estar feliz, porque vas a ver qué buen fruto se produce en ti.

Cuando amas a Dios, no te importa lo que tengas que sufrir por Él. La cruz te va a rehacer a la imagen de tu Amado. Hay una verdadera consolación; un verdadero lazo de amor.

Estás llevando la carga de algunos ancianos que ya no pueden llevar la suya. La razón se debilita a edad avanzada. La bondad disminuye, a menos que se halle profundamente enraizada. ¡Toda la fuerza parece irse al temperamento! Acepta y recibe esta carga como la cruz.

Es una bendición que tengas algunas horas libres para descansar en paz en el seno del Señor. Aquí es donde te vas a refrescar y recuperar fuerzas para seguir adelante. Cuida de tu salud y trata de dedicar algún tiempo a descansar y disfrutar. A medida que los demás vayan haciéndose ancianos, deberás esperar cada vez menos de ellos. No esperes demasiado de ti mismo tampoco.

—FÉNELON

LA CRUZ ESCONDIDA

Dios tiene toda clase de circunstancias para llevarte la cruz, y todas ellas realizan sus propósitos. Hasta es posible que una la debilidad física a tu sufrimiento emocional y espiritual. Por supuesto, el mundo tal vez no vea que le estás haciendo frente a la cruz; piensan que sólo eres susceptible, o tienes a sufrir ataques de agotamiento nervioso. Por eso, mientras estás doblado bajo la labor escondida de la cruz, los que te miran envidian con frecuencia tu buena fortuna aparente.

¿Qué le dices a Dios cuando estás bajo la labor de la cruz? No necesitas decirle mucho; ni siquiera pensar mucho en Él. Él ve tus sufrimientos, y que has estado dispuesto a someterte. Con la gente que amas, no necesitas estar diciendo continuamente: "Te amo con todo el corazón". Aunque no pienses en lo mucho que amas a Dios, con todo lo amas igualmente. El amor verdadero se encuentra muy profundo en el espíritu: sencillo, pacífico y silencioso.

¿Cómo soportas el sufrimiento? En silencio ante Dios. No te perturbes tratando de fabricar una sensación artificial de la presencia divina. Lentamente aprenderás que todos los problemas de tu vida —tu trabajo, tu salud, tus fallos internos— son en realidad curas para el veneno de tu vieja natural. Aprende a llevar estos sufrimientos con paciencia y mansedumbre.

—Fénelon

El valor de la cruz

¿Te preguntas por qué Dios tuvo que hacerte la vida tan difícil? ¿Por qué no te hace bueno sin hacerte desdichado mientras tanto? Claro que lo habría podido hacer, pero no ha decidido hacerlo. Quiere que crezcas poco a poco en lugar de explotar en una madurez instantánea.

Esto es lo que Él ha decidido, y tú sólo puedes adorar su sabiduría, aun cuando no la comprendas.

Me asombra lo que puede producir el sufrimiento. Tú y yo no somos nada sin la cruz. Agonizo y gimo cuando la cruz está obrando dentro de mí, pero cuando todo termina, miro con admiración lo que Dios ha logrado. Por supuesto, entonces me avergüenzo de haberla soportado tan malamente. He aprendido mucho de mis necias reacciones.

Tú mismo debes soportar el doloroso proceso del cambio. Aquí están obrando muchas cosas más que tu madurez instantánea. Dios quiere edificar una relación contigo que se base en la fe y la confianza, y no en atractivos milagros.

Dios usa los desencantos, las desilusiones y los fallos de tu vida para llevarse de ti la confianza y ayudarte a revestirte de confianza en Él. Es como ser quemado a fuego lento, pero tú preferirías ser quemado de un golpe, en una llamarada de gloria, ¿no es cierto? ¿Cómo te despegaría de ti mismo el que ardieras con rapidez? Así, Dios prepara sucesos que te despeguen de ti mismo y de los demás.

Dios es tu Padre; ¿creer que Él haría algo alguna vez para herirte? Todo lo que hace es apartarte de esas cosas que amas de una forma errada. Gritas como un niño pequeño cuando Dios te quita algo o alguien de tu vida, pero gritarías mucho más si vieras el daño eterno que te causan tus apegos equivocados.

Tú no ves con ojos de eternidad. Dios lo conoce todo. Nada sucede sin que Él lo consienta. Te molestan las pequeñas pérdidas, pero no ves las ganancias eternas. No permanezcas en tu sufrimiento. Tu exceso de sensibilidad hace peores tus pruebas. Abandónate en las manos de Dios.

Todo lo que haya en ti que aún no forme parte del

Reino establecido de Dios, necesita la cruz. Cuando aceptas la cruz en amor, su Reino comienza a tomara vida dentro de ti. Tienes que soportar la cruz y estar satisfecho con lo que agrada a Dios. Necesitas la cruz. El Dador fiel de todo buen don te da la cruz con su propia mano. Es mi oración que llegues a ver lo bienaventurado que es el que seas corregido por tu propio bien.

Dios mío, ayúdanos a ver a Jesús como modelo nuestro en todo sufrimiento. Tú lo clavaste a la cruz por nosotros. Lo hiciste hombre de dolores para enseñarnos lo útil que es el dolor. Danos un corazón capaz de volvernos las espaldas a nosotros mismos, y confiar sólo en ti.

—Fénelon

Un Reino violento

¿A quién crees que le estaba hablando Pablo cuando dijo: "Nosotros somos insensatos por amor de Cristo, mas vosotros prudentes en Cristo"? ¡A ti! ¡No a quienes no conocen a Dios! Les está hablando a todos los que piensan que pueden ganarse su propia salvación sin aceptar la necedad de la cruz de Jesús. Nadie quiere que lo humillen y lo denigren. No es algo que produzca mucha emoción, pero es el camino de Dios.

No les puedes dar lugar al mundo, a tus pasiones ni a tu pereza. Las palabras no bastan para reclamar el Reino de Dios. Hace falta fortaleza, y valor, y violencia. Debes resistirte violentamente a las oleadas del mundo. Abandona con violencia todo lo que te aparta de Dios. Entrégale violentamente tu voluntad a Dios, para hacer sólo la voluntad de Él.

Esta violencia es la que le pido a Dios que llegues a conocer, porque ¿de qué otra forma vas a conocer algo de la vida del Señor Jesús?

—FÉNELON

EL SACRIFICIO DE AMOR

Si sigues a Dios sólo para sentir su presencia y consuelo, entonces lo estás siguiendo por razones equivocadas. Tu mente tiene ansias de conocer, tu corazón quiere tener sentimientos dulces, pero tú no estás dispuesto a seguir a Cristo hasta la cruz. ¿Es esto morir a sí mismo?

Hay una ambición espiritual refinada en buscar indebidamente los dones espirituales. Pablo habla de un camino mejor. "El amor no busca lo suyo." ¿Cómo vas a avanzar hacia la madurez, si siempre estás buscando el consuelo de sentir la presencia de Dios contigo? Buscar placer al mismo tiempo que ignoras la cruz, no te va a llevar muy lejos. Pronto vas a estar atrapado en la búsqueda de los placeres espirituales.

Si tienes una niñez demasiado tierna en Jesús, vas a pasar tiempos duros cuando Dios comience a destetarte del consuelo de sentir su presencia. No vivas en el portal creyendo que estás dentro de la casa. Los comienzos de tu fe habrá podido ir acompañados por muchos sentimientos maravillosos, pero esto no significa que seas maduro. Aférrate a Dios solamente y no confíes en nada que sientas, pruebes o imagines. Llegarás a ver que este camino es mucho más seguro que andar a la caza de visiones y profecías.

—FÉNELON

El camino de la cruz

La razón del sufrimiento

Dios nunca te hará sufrir sin necesidad. Su intención es que tu sufrimiento te sane y te purifique. La mano de Dios te hiere lo menos que le es posible.

La ansiedad trae consigo sufrimiento. Algunas veces, sencillamente se trata de que no estás dispuesto a sufrir, y terminas resistiéndote a la obra de Dios. Si dejas de lado todos tus inquietos anhelos y tus ansiedades, vas a experimentar la paz y la libertad que les da Dios a sus hijos. El yugo que Dios da es fácil de llevar si lo aceptas sin luchar por escaparte. Te haces la vida más dolorosa cuando te resistes a Dios, por poco que sea.

Por lo general, tratas de negociar con Dios para fijarle un límite a tu sufrimiento. La misma rebeldía interna que hace necesaria la obra de la cruz en tu vida es la que va a tratar de apartar de ti la cruz. Dios tiene que comenzar de nuevo contigo cada vez que lo apartas de ti.

Algunas veces, Dios se lleva sus dones hasta que los puedas poseer con pureza. De no hacerlo, te envenenarían. Es raro tener dones de Dios sin ser posesivo. Piensas que todo es para ti. No piensas primero en la gloria de Dios; de no ser así, no te deprimirías cuando se desvanecen tus bendiciones visibles. Lo cierto es que tu mayor preocupación eres tú mismo. El amor propio se siente orgulloso de sus logros espirituales. Lo debes perder todo a fin de hallar a Dios sólo por Él mismo. Pero no lo vas a perder todo hasta que te lo arranquen. No vas a comenzar a soltar tu propio ser hasta que te hayan empujado barranco abajo. Él quita para devolver de una forma mejor.

Mira el ejemplo de las amistades. Al principio, Dios te atrae derramando su presencia sobre ti. Tienes ansias de orar y de apartarte de tus consuelos y amistades egoístas. Dejas a todos y todo lo que no sienta de igual manera que tú. Muchas personas nunca pasan de este punto. Algunas pasan de aquí para permitirle a Dios que las despoje de todo, pero se deprimen cuando todo se convierte en una carga. Lejos de buscar amigos, los amigos de los que solían disfrutar ahora los irritan. Aquí hay agonía y desespero. No se puede hallar gozo.

¿Te sorprende esto? Dios se lo lleva todo, porque tú no sabes amar, así que ni hablemos siquiera de la amistad. Basta con la idea para que los ojos se te llenen de lágrimas. Todo te abruma. No sabes lo que quieres. Tienes cambios de humor y lloras como un niño. Eres un montón de emociones encontradas que cambian de un momento a otro. ¿Te parece difícil creer que una persona fuerte e inteligente pueda quedar reducida a un estado así? Hablar de la amistad es como hablarle a un enfermo de bailar.

Espera a que pase el invierno. Tus verdaderos amigos volverán a ti. Ya no vas a amar por ti mismo, sino en Dios y para Él. Antes, siempre tenías algún miedo de perder, por generoso que parecieras. Si no buscabas riquezas u honores, buscaba intereses comunes, confianza o comprensión.

Si esos consuelos desaparecen, sientes dolor; estás herido y ofendido. ¿Acaso no indica esto a quién amas en realidad?

Cuando es a Dios a quien amas en alguien, apoyas a esa persona sin que te importe nada. Si Dios dispone que se rompa la amistad, estás en paz. Tal vez sientas un profundo dolor, porque la amistad era un gran don, pero es un sufrimiento tranquilo, y libre de la cortante agonía de un amor posesivo. El amor de Dios te hace libre.

No malgastes tus sufrimientos. Deja que realicen lo que Dios quiere que hagan en tu vida. Nunca te endurezcas tanto, que sufras sin razón ni propósito alguno. Pablo dice: "Dios ama al dador alegre". Cuánto debe amar a los que se entregan alegremente a sus actuaciones.

—FÉNELON

DOS CLASES
DE OSCURIDAD

Nos encontramos ahora con otra pareja. Hay dos clases de oscuridad, la carente de felicidad y la feliz.

La primera oscuridad es la que surge del pecado. Es una oscuridad llena de infelicidad que lleva al cristiano a la muerte eterna. La segunda clase de oscuridad es la que el Señor permite dentro de nuestro interior para establecer y solidificar la virtud. Es una oscuridad feliz, porque ilumina el espíritu interior, lo fortalece y le da mayor luz.

Por consiguiente, *no* debes sufrir e incomodarte cuando se oscurezca tu camino y te rodeen las tinieblas. Tampoco se supone por esto que te falte la presencia de Dios; que Él te haya dejado o ya no te ame. Además, no debes ver la luz que antes poseías como una gran pérdida, ni tampoco consideres la relación que tenías antes con el Señor —por bendecida que fuera y aunque haya cesado de existir por completo— como gran pérdida. No lo es.

Quisiera que vieras esos tiempos de oscuridad como oscuridad feliz; una oscuridad en la que debes perseverar en tu búsqueda interna. Son una señal manifiesta de que Dios, en su infinita misericordia, está tratando de llevarte por la senda interior. Qué buenos van a ser los resultados, querido amigo, si aceptas esos tiempos con paz y resignación. Tiempos así son para tu bien espiritual. Estos tiempos de oscuridad *no* te retrasan en tu peregrinar hacia Él. Tal vez parezcan hacerlo, pero en realidad te apresuran hacia el punto final de tu jornada.

—MOLINOS

El camino de la cruz

La pérdida del interés espiritual

Tal vez hayas tenido la experiencia de que poco después de haber decidido morir a una vida más externa, y de haberte movido hacia su alto monte, sientes como si nada estuviera obrando a favor tuyo. Todas las experiencias tan maravillosas que tanto aprecias se van a secar. Apenas vas a poder hablar de las cosas espirituales, o tal vez hallarás que te has alejado tanto, que nos vas a poder concebir siquiera un buen pensamiento acerca de Dios. Te parecerá que el cielo se ha vuelto de bronce, y va a haber muy poca luz, si es que hay alguna. Y cuando vuelvas a concentrarte y a pensar, ni siquiera tus pensamientos te van a poder consolar.

Puedes estar seguro de que, si eso es lo que sucede en tu vida, tu enemigo se te acercará con sugerencias, pensamientos impuros, impaciencia. Orgullo, enojo, blasfemias, confusión y mucho más. Tal vez hasta te van a desagradar las cosas de Dios. Y vas a sentir que has perdido y sentirás que has perdido parte de tu agudeza en cuanto a comprensión espiritual. Algunos llegan incluso a sentir que no hay Dios; al menos, para ellos. Te vas a preguntar si te queda aunque sea un solo buen deseo dentro de ti.

No temas. Esos momentos y esas cosas tienen un efecto depurador. Va a crecer en ti la sensación de tu propia indignidad y la comprensión de que necesitas enfrentarte a tus apetitos externos. Sólo el Señor puede arrojar al mar al Jonás de tus sentidos externos. Puedes estar seguro de que todos tus esfuerzos y tus luchas van a ser inútiles. *Ningún* esfuerzo de piedad, de religión o incluso de negación de ti mismo, va a funcionar. Esas

cosas lo que van a hacer es ayudar a que resplandezca sobre ti una luz que te dirá: "Tú no puedes hacer nada. *Todas las cosas* están en sus manos, y no en las tuyas".
—MOLINOS

LAS CIRCUNSTANCIAS

Todos tenemos en nuestra naturaleza el ser más bien viles, orgullosos, ambiciosos, llenos de una gran cantidad de apetitos, juicios, racionalizaciones y opiniones. Si no llega algo a nuestra vida para humillarnos, podemos estar seguros de que todas estas cosas nos van a destruir.

Entonces, ¿qué hace tu Señor? Permite que tu fe sea atacada, incluso con sugerencias de orgullo, gula, ira, tal vez blasfemia, maldiciones y sí, incluso desesperación. Todas estas cosas sirven para humillar a nuestro orgullo natural, como sana medicina en medio de estos asaltos.

Sabes que Isaías nos recuerda que toda justicia no es más que un montón de trapos malolientes, y eso a pesar de toda nuestra vanidad, nuestro engreimiento y nuestro amor propio.

Tu Señor quiere purificar tu alma, y puede usar una lima muy gruesa. Tal vez hasta ataque las cosas más puras y nobles de tu vida. Esos asaltos sirven como revelación para despertar al alma humana… para que el alma descubra *de verdad*, sepa de verdad, lo desdichado que es su estado natural.

Y, si buscas el consejo espiritual de alguien durante momentos así, es posible que recibas alguna ayuda… pero sería muy sabio que no la *esperaras*. En lo más profundo de ti mismo hay un lugar de paz interior, y para salir de estos períodos sin perder esa paz, es necesario que creas. Debes creer en la delicadeza de la misericordia divina… aun cuando esa misericordia te humille, te aflija y te ponga a prueba. ¡Qué feliz vas a ser si te limitas a estar quieto ante el Señor! Aunque sea el diablo el que cause esas cosas, tú te hallas en la mano soberana de Dios, y esas cosas se convertirán para ti en ganancia y provecho espiritual.

—Molinos

La tentación

Yo diría que la mayor de las tentaciones consiste en no tener tentaciones. El ataque más violento es no tener ningún ataque violento. Por tanto, alégrate cuando te lleguen los ataques. Mantente firme con resignación, paz y constancia. Allí, en tus regiones interiores, camina y vive.

Tienes que caminar por la senda de la tentación. No habrás caminado mucho por este camino antes de descubrir que las partes más internas de tu ser (al menos las que tú puedes hallar) están dispersas. Dispersas y activas, moviéndose de una cosa a otra. Allí dentro hay una gran cantidad de agitación.

¿Cómo puedes reunir esas cosas tan numerosas y divergentes que se están produciendo dentro de ti?

Tú Señor las llama a reunirse por medio de la *fe* y del *silencio* en la presencia de tu Dios. Recógete en su presencia con el único propósito y la única intención de amarlo. Acude a Él como alguien que se está entregando a Dios. Contémplalo en los rincones más recónditos de tu espíritu que puedas hallar. No utilices la imaginación. Reposa en amor y acude a Él en una forma general de amor y fe, sin reclamación, petición ni deseo concreto.

—MOLINOS

LA FIRMEZA EN LA ORACIÓN

La constancia de la verdadera oración está en la *fe*, y en *esperar* en Él. Primero *crees* que estás en su presencia. *Crees* que te estás volviendo hacia Él con el corazón. Y esperas allí delante de Él, sosegadamente. Ésos son los únicos preparativos que necesitas. Los resultados *finales* contienen gran cantidad de fruto.

Puedes esperar que el enemigo se te acerque para perturbarte y causarte problemas, porque ésa es su naturaleza. Hallarás que la naturaleza de esas cosas de las que siempre has disfrutado —los placeres que han derivado tus sentidos externos de las cosas espirituales (incluyendo aquellos aspectos en los que hayas sido dotado)— se van a debilitar todas.

Hasta podrías esperar el cansancio. Todo ejercicio se puede volver difícil. Tanto si tienes estos problemas, como si tienes otros… ¡persevera!

Puedes esperar que vas a sufrir a través de los problemas de una multitud de pensamientos, problemas de la imaginación, provocaciones de tus apetitos naturales, y problemas de una vida interior muy árida. Todas estas tentaciones deben ceder ante el espíritu.

Aunque consideramos *aridez* todas estas situaciones, la realidad es que son muy provechosas. Es decir, son provechosas si las abrazas y recibes con paciencia.

Y si te parece que no has hecho nada en el tiempo que

has separado para el Señor, no te dejes engañar. Un buen corazón —una firmeza en la oración— es algo muy agradable para tu Señor.

Cuando acudimos al Señor de esta forma, trabajamos *sin* intereses personales. Trabajamos simplemente por la gloria de Dios. Por supuesto, que tal vez parezca que esperamos en vano, pero no es así. Somos como los jóvenes que trabajan en el campo con su padre. Al final del día, a diferencia de los asalariados, no recibimos paga.

En cambio, al final del *año*, disfrutamos de *todas* las cosas.

—MOLINOS

BUSCARSE A SÍ MISMO AL BUSCAR A DIOS

Dios no ama al creyente que hace más, ni al que más siente, o al que piensa mejor y con mayor agudeza, o incluso al que manifiesta el mayor amor, sino que ama al que más sufre.

Estoy consciente de que, al decirte que la oración más profunda es aquélla que no depende de los sentidos exteriores, ni de las cosas que agradan a nuestro hombre natural, estamos hablando de algo que exige el martirio de alguna parte de nosotros mismos. Pero te ruego que recuerdes que también estamos hablando de algo que agrada al Señor.

Cuando no hay experiencia emocional, ni comprensión intelectual del camino de Dios, es posible que el enemigo te sugiera que Dios no ha hablado. Pero tu Señor no se deja impresionar por la multitud de palabras. Lo que le impresiona es la pureza de las intenciones de tu corazón. Quiere ver tu ser interior humillado, callado y totalmente sometido a Él y a su voluntad, cualquiera que ella sea. Tal vez no encuentres emociones que produzcan una relación así, pero sí vas a hallar una puerta por la cual vas a entrar a tu nada y su todo.

Hay quienes *han* comenzado la práctica de recogerse en su ser interior, pero se han alejado de ella casi de inmediato, porque no han hallado *placer* alguno en ella. No había sentido de Dios, no había poder, no había sentido de complacencia en sus propios pensamientos, o de impresionarse con la manera en que formaban las palabras y oraciones que le dirigían a Dios. De hecho, todas estas maneras de acercarse a Dios no son más que *una caza de placeres sensibles*. Esto, para Dios, no es más que amor propio y un buscarse a sí mismo. En realidad, no tiene nada de búsqueda de Dios.

Es necesario que sufras un poco de dolor y un poco de aridez. Sin pensando en la cantidad de tiempo que has perdido, u otras pérdidas que hayas tenido, acércate al Señor con reverencia, sin prestarles atención a la aridez y la esterilidad. Vas a hallar recompensa eterna.

Mientras más se deleita tu hombre exterior en alguna especie de placer en la oración, menos deleite habrá en el Señor. Pero mientras menos te importen las emociones exteriores que produzcan las cosas espiritual... ah, *allí* si va a haber algo que agrade al Señor.

—MOLINOS

ESTABLECIMIENTO DE UN COMPROMISO

Muchos me han dicho esto: "He acudido al Señor con

perfecta resignación en todas las cosas. Me he entregado a su presencia por medio de un acto de fe. Sin embargo, no he mejorado nada. La razón está en que mi pensamiento ha estado tan distraído, que no lo he podido fijar en Dios".

No te sientas molesto ni desanimado; no has perdido tiempo ni méritos. No eches a un lado tu búsqueda. Cuando vengas ante el Señor, no es necesario que pienses en Él. Sólo es necesario que continúes con tu progreso.

Tu imaginación vagará por un número infinito de pensamientos; sin embargo, te aseguro que el Señor no se habrá marchado. Sigue perseverando en oración. Recuerda que Él ora dentro de ti, y que ora en espíritu y en verdad. La distracción de la mente —que no es intencional— no le roba su fruto a la oración.

Ahora bien, muchos me preguntan: "Por lo menos, ¿no debería recordar que estoy en la presencia de Dios? Acaso no le debo decir: 'Señor, permanece tú en mí, y yo me entrego totalmente a ti'? Seguramente, por lo menos debería orar así".

No; no es imprescindible. Tienes el anhelo de orar, y con ese fin has acudido ante Él. La fe y la intención bastan siempre. Y siempre continúan. Mientras más sencillo sea tu recuerdo —sin palabras ni pensamientos—, mejor fundamento pones para una relación no distorsionada con el Señor que habita en ti.

También me preguntan: "¿Acaso no sería correcto decir: 'Señor, yo creo que tu majestad está aquí'?" Esto es lo mismo que lo anterior. Con los ojos de la fe, el espíritu dentro de ti ve a Dios, cree en Él y permanece en su presencia. La parte más interior de tu ser no tiene necesidad de decir: "Dios mío, tú estás aquí". Cree.

Tu espíritu siempre cree.

Tu espíritu *sabe* que Él está allí.

Entonces, ve a ese lugar en el cual siempre están presentes la fe y el conocimiento.

Y, ¿cómo se va allí? Sólo por la fe.

Cuando llega el tiempo de estar ante el Señor, debes saber que tu amiga la *fe* y tu amiga la *intención* te van a guiar y conducir hasta Dios. Llegarás allí por medio de un acto de fe y por una resignación perfecta de tu parte, mientras esperas en su presencia.

—MOLINOS

TUS OCUPACIONES Y TU LLAMADO

Tus ocupaciones diarias no son contrarias a la voluntad de tu Señor. Tus ocupaciones no van en contra de la resignación a su voluntad que tú le presentaste a Él. Verás. La resignación abarca todas las actividades de tu vida diaria. Ya sea estudiar, leer, predicar, ganarte la vida, negociar o cosas similares… estás resignado a lo que aparezca en tu vida cada día, cada hora, cada momento. Cuando pasa en tu vida es, en sí mismo, *su voluntad*. No has dejado esa resignación de su voluntad, ni has dejado tampoco su presencia.

Si te sientes arrastrado lejos de Él —si eres arrastrado lejos de la oración— regresa a Dios; vuelve a su presencia; entonces, renueva un acto de fe y renueva el sometimiento a su voluntad.

Y, ¿qué decir de la aridez? La aridez es buena y santa, y *no te puede alejar* de la presencia divina. *¡No digas que la aridez es una distracción!*

Cuando un hombre comienza un viaje hacia una gran

ciudad, cada paso que da es voluntario; no necesita decir: "Quiero ir a la gran ciudad, quiero ir a la gran ciudad". Ese primer paso es indicación de cuál es su intención. Viaja sin decirlo, pero no puede viajar sin tener la intención de hacerlo.

—MOLINOS

LA OBEDIENCIA

Nunca vas a alcanzar el monte de la paz interior si te gobiernas de acuerdo con tu propia voluntad. Esta naturaleza centrada en ti mismo que tiene tu alma, es necesario vencerla. Tus inclinaciones, tu juicio, tu disposición a rebelarte, deben ser sometidos y reducidos a cenizas. ¿Cómo? En el fuego de la obediencia, porque allí es donde descubres si eres realmente un seguidor del amor divino o de tu amor propio. Debe producirse un holocausto de tus propios valores, juicios y voluntad.

Uno de los siervos de Dios dijo en cierta ocasión: Sería mejor que recogieras estiércol por obediencia, que verte subir al tercer cielo por tu propia voluntad.

Ahora bien, todos acariciamos la idea de honrar y obedecer a los *superiores*. Pero también es necesario, para poder seguir la vía interior, que obedezcas y honres igualmente a tus *inferiores*.

¿Qué es la verdadera obediencia? La obediencia, para ser perfecta, debe ser voluntaria; debe ser pura y alegre. Pero sobre todo, debe ser interna. Yo añadiría también que debe ser ciega y perseverante.

Ofrécete a obedecer sin temor, y *nunca* te metas a obedecer si hay temor. La obediencia que es *pura*, no tiene intereses personales, ni pensamientos de ganancia para sí mismo. La obediencia pura sólo es para ganancia de Dios. La obediencia está dispuesta en todo momento, sin excusa ni tardanza. Es *alegre*, sin resentimiento interno, y es *interna*, porque no debe ser externa.

La obediencia debe proceder del corazón, y ser *ciega*, porque debe echar a un lado una naturaleza crítica, y nuestros juicios personales.

—MOLINOS

LA HUMILDAD

Hay dos clases de humildad: una falsa y engañosa, y otra verdadera.

La humildad falsa les pertenece a los que evitan la estima ajena y evitan todos los honores para que los consideren humildes. Hacen lo indecible para hablar con frecuencia de lo malvados que son. (Hacen esto para que piensen que son buenos). En su interior, conocen realmente su propia desdicha, pero desprecian por completo el pensamiento de que alguna otra persona lo llegue a conocer. Esta humildad es fingida; es un orgullo secreto y escondido, y nada más.

También existe la verdadera humildad. La humildad verdadera nunca piensa en la humildad. Los que la tienen, actúan con paciencia, y viven y mueren en Dios. No se preocupan por ellos mismos, ni por nada creado. Sufren los abusos con gozo, y no desean sacar de ellos nada más que caminar en los pasos de su despreciado Señor. No les preocupa que el mundo los crea buenos, y se contenta con lo que Dios les da. Están convencidos de sus propias debilidades con una vergüenza tranquila.

No hay herida que los pueda perturbar, problema que los pueda vejar, ni tampoco prosperidad que los pueda hacer orgullosos.

La verdadera humildad es algo interior, y no tiene nada que ver con *actos externos*. (Tomar el lugar más humilde, quedarse callado, vestir pobremente, hablar con sumisión, bajar los hombros, cerrar los ojos, suspirar con fuerza, hablar de tus propias faltas y llamarte desdichado. ¿Crees realmente que una conducta así va a convencer a Dios de que eres humilde?) En lugar de esto hay un *simple* conocimiento: la comprensión de lo que es nuestra propia naturaleza en realidad. Es una comprensión interna que no llevamos por todas partes como si fuera un conocimiento profundo. No hay sentido de creerse humilde… ni siquiera si un ángel nos revelara cosas así.

Hay dos cosas que debemos descubrir: la grandeza de Dios y la amplitud de la devastación que ha hecho la caída en tu propia alma. Es una comprensión tan amplia, que no hay lengua que la pueda expresar. De esta revelación procede un destello de la gracia de Dios… una gracia que se complace en rodear por completo a esa persona con la bondad pura de Dios.

—Molinos

ABANDONO Y SUFRIMIENTO

Debes ser paciente en todo el sufrimiento que te envíe Dios. Si tu amor por el Señor es puro, lo vas a amar tanto en el Calvario, como en el monte Tabor. El Señor Jesús amó a su Padre en el monte Tabor, donde fue transfigurado, pero no lo amó menos en el Calvario, donde fue crucificado. Entonces, puedes estar seguro de que debes amar al Señor lo mismo en el Calvario, porque fue allí donde Él hizo la mayor demostración de su amor.

Hay una posibilidad de que cometas un error con respecto a tu abandono al Señor. A lo mejor te abandonas al Señor esperando y anhelando siempre que Él te acaricie, te ame y te bendiga espiritualmente. A ti que te has entregado al Señor durante alguna temporada agradable, te ruego que recuerdes esto: Si te le entregaste para recibir *bendición* y *amor*, no puedes dar media vuelta de repente y recuperar tu vida en otra temporada... en la que eres *crucificado*.

Tampoco vas a hallar consuelo alguno de otro humano cuando hayas sido puesto en la cruz. Todo consuelo que te llegue cuando estés conociendo la cruz, te viene del Señor.

Debes aprender a amar la cruz. El que no ama la cruz, no ama las cosas de Dios. (Lee Mateo 16:23). Es imposible que ames de verdad al Señor sin amar la cruz. El creyente que ama la cruz, encuentra que hasta las cosas más amargas que se le presenten, son dulces. Las Escrituras dicen: "Al hambriento todo lo amargo es dulce" (Proverbios 27:7b).

¿Cuánto anhelas tener hambre de Dios? Vas a tener hambre de Dios, y lo vas a hallar, en la misma proporción en que tengas hambre de la cruz.

El camino de la cruz

He aquí un principio espiritual verdadero que el Señor no va a negar: Dios nos da la cruz, y entonces la cruz nos da a Dios.

—MME. GUYON

EL ABANDONO Y UNA VIDA SANTA

¿Qué consecuencias tiene caminar continuamente ante Dios en un estado de abandono? La consecuencia definitiva es la santidad. Una vez que hayas convertido en parte de tu vida esta relación con Dios, la santidad se halla fácilmente a tu alcance.

¿A qué me refiero cuando hablo de santidad? La santidad es algo que procede de Dios. Si eres fiel y aprendes esta sencilla forma de experimentar a tu Señor, as a tomar posesión de Dios. Y cuando lo poseas, vas a heredar todos sus rasgos. En esto consiste la santidad: Mientras más poseas a Dios, más serás hecho semejante a Él.[1]

Pero debe ser una santidad que haya crecido desde *dentro* de ti. Si la santidad no procede de lo más profundo de tu ser, sólo será una máscara. La simple apariencia externa de santidad es tan cambiable como una pieza de ropa. Pero cuando la santidad se produce en ti a partir de la Vida que hay en lo profundo de tu interior, entonces esa santidad es real, perdurable, y la esencia genuina del Señor. "Toda gloriosa es la hija del rey en su morada" (Salmo 45:13a).

Entonces, ¿cómo se logra la santidad?

El cristiano que ha aprendido a abandonarse a Jesucristo y camina en una vida de abandono a Él, practica la santidad en su grado más alto. Pero nunca vas a oír a un cristiano como ese proclamando que posee ningún tipo particular de espiritualidad en absoluto. ¿Por qué? Porque ese cristiano ha quedado totalmente unido con Dios. Es el Señor mismo quien está guiando a ese creyente a esta práctica tan completa de la santidad.

El Señor es muy celoso con respecto a todo santo que se abandone a Él por completo. No permite que ese creyente tenga ningún otro placer fuera de Él.

¿Es el abandono la única cosa necesaria para llevarnos a la santidad? No, pero si eres fiel y sigues todo lo que se ha dicho hasta aquí, la santidad te *va* a llegar. Ahora bien, nunca olvides que el *sufrimiento* está incluido en la experiencia del abandono. Es el *fuego* del sufrimiento el que va a sacar el *oro* de la santidad.

—MME. GUYON

UNA NUEVA MIRADA A LA CONFESIÓN DEL PECADO

¿Dónde encajan la *confesión* del pecado y el *examen* de tu vida, dentro de la vida de un cristiano que sigue esta senda? ¿Cómo se enfrenta con estos asuntos de tanta importancia? Vamos a tomar este capítulo para abrir un concepto más claro y más alto de lo que son el examen de sí mismo y la confesión del pecado.

Se suele enseñar que el examen de sí mismo es algo que siempre debe preceder a la confesión del pecado. Aunque esto pueda ser correcto, la *forma* del examen de sí mismo está dictada por el nivel de tu experiencia cristiana.

Yo le recomendaría a un cristiano cuyo estado espiritual haya avanzado realmente hasta la etapa descrita en los capítulos anteriores, que cuando acudas al Señor con respecto al pecado y la confesión, hagas esto: *Abre tu alma entera delante de Dios.* Puedes tener la seguridad de que el Señor no va a dejar de iluminarte con respecto a tu pecado. Tu Señor va a resplandecer dentro de ti como una luz, y a través de su resplandor, te permitirá ver la naturaleza de todas tus faltas.

Podrías decir que cuando esta luz resplandeciente, que es Cristo mismo, brilla sobre ti y dentro de ti, te estás sometiendo a un examen. Dios te está examinando cuando esto sucede. Puesto que es tu Señor el que hace esto, y nadie más, te debes limitar a mantenerte en paz y tranquilo ante Él, mientras Él se dedica a revelar todo esto.

Confía en que sea el Señor, y no tú mismo, quien descubra tu pecado y te muestre el grado de ese pecado.

Te ruego que comprendas esta realidad: No es *tu* diligencia, ni tampoco el examen que *hagas* de ti mismo, lo que te va a iluminar con respecto a tu pecado. Es Dios quien lo revela todo. Como verás, si tratas de ser tú quien examine, hay una buena posibilidad de que te *engañes* a ti mismo. Nunca te vas a permitir ver *realmente* tu verdadero estado. Ésa es la verdad simple y llana con respecto a la naturaleza de tu amor propio. "Somos *nosotros* quienes llamamos *bien* al mal, y mal al bien" (Lee Isaías 5:20).

Ah, pero esto no ocurre cuando acudes a tu Señor. ¡Él puede ser tan minucioso, tan detallista y tan exigente! Allí, ante Él, te hallas plenamente al descubierto ante el Sol de Justicia. Sus rayos divinos hacen visibles hasta tus faltas más pequeñas. La forma correcta de enfrentarse al pecado se vuelve muy evidente. Te debes abandonar en las manos de Dios, tanto en el examen de ti mismo, como en la confesión de tus pecados.

El cristiano no comienza su experiencia espiritual con el Señor en este nivel que te estoy describiendo. Por otra parte, y por medio de esta "oración de simplicidad" puede llegar finalmente a este nivel.

—MME. GUYON

BAJO LA LUZ DIVINA

Una vez establecida una relación así con tu Señor, pronto descubrirás que no hay falta alguna en ti que escape al reproche divino. Por ejemplo, tan pronto cometes un pecado, hay un sentido interior que te reprende de inmediato. Va a ser una especie de ardor interno, profundo… una tierna confusión. Como ves, *todas* las cosas quedan al descubierto bajo la penetrante mirada de tu Señor. Él no va a permitir que ningún pecado quede escondido o encubierto.

En cuanto a ti, cuando el Señor haya establecido firmemente esta relación, vas a tener la sensación de que Él te ha descubierto de una manera tan completa, que cada vez que enfoque su luz sobre el pecado que hay en tu vida, sólo vas a tener un curso de acción. Todo lo que puedes hacer es volverte a Él con toda sencillez, y allí soportar todo el dolor y toda la corrección que Él te inflija.

Continúa en esta experiencia con tu Señor. Después de un cierto período de tiempo experimentándolo de esta forma, el Señor se va a convertir cada vez más en el examinador *constante* de tu alma. No vas a ser *tú* examinándote a ti mismo, ni va a ser pro temporadas. Va a ser el Señor, y *constantemente*.

Si permaneces fiel en cuanto a entregarte al Señor de

esta forma, vas a llegar a darte cuenta de que la luz divina de tu Señor puede revelar en realidad tu corazón de una forma mucho más eficaz que cuanto habrían logrado jamás *todos* tus esfuerzos.

—MME. GUYON

LAS DISTRACCIONES

Ahora que hemos explorado algunos de los encuentros que vas a tener en esta empresa —algunas de las cosas que el Señor te va a presentar, y algunas de las que te va a exigir—, apartemos este capítulo para una cuestión práctica. Como has leído en capítulos anteriores, se van a presentar distracciones, sobre todo al principio. Y por bastante tiempo después de esto, tu mente va a estar distraía con respecto a la oración. Vamos a ver este problema por un instante.

¿Cómo te puedes enfrentar con esas cosas que te distraen? ¿Cómo manejar esas cosas que te alejan de la parte más interior de tu ser? Si pecas (o incluso si es sólo cuestión de que te distraigan algunas circunstancias que tengas a tu alrededor), ¿qué debes hacer?

Inmediatamente te debes volver hacia el interior, hacia tu espíritu.

Una vez que te hayas alejado de Dios, debes volver a Él con tanta rapidez como te sea posible. Allí, una vez más con Él, recibe el castigo que Él decida darte.

Pero he aquí algo con lo que debes tener mucho cuidado: *No* te angusties porque su mente se haya distraído. Siempre guárdate de sentirte ansioso a causa de tus faltas. En primer lugar, esa angustia sólo sirve para agitar el alma y distraerte hacia las cosas exteriores. En segundo lugar, tu angustia brota en realidad de una raíz secreta de orgullo. Lo que estás experimentando es, en realidad, amor por tu propio valor.

Para decirlo con otras palabras, todo lo que te pasa es que te sientes herido y molesto al ver lo que eres *en realidad*.

Si el Señor es tan misericordioso como para darte un verdadero espíritu de humildad suya, no te vas a sorprender por tus faltas, tus fallos, o incluso tu propia naturaleza básica.

Mientras con más claridad veas tu verdadero ser, con más claridad verás también lo desdichada que es en realidad tu propia naturaleza, y más abandonarás todo tu ser en manos de Dios. Al ver que tienes una necesidad de Él tan urgente, te vas a esforzar por lograr una relación más íntima con Él.

Éste es el camino por el que debes andar, tal como ha dicho el Señor mismo: "Te haré entender, y te enseñaré el camino en que debes andar; sobre ti fijaré mis ojos" (Lee el Salmo 32:8).

—MME. GUYON

LOS PELIGROS DE LAS TENTACIONES

Junto con las distracciones, las tentaciones son uno de los grandes problemas con los que te vas a encontrara cuando comiences tu aventura hacia Dios. Ten mucho cuidado con tu actitud hacia ellas. Si tratas de luchar directamente con esas tentaciones, sólo las vas a fortalecer, y en el proceso de esta batalla, tu alma va a ser alejada de su relación íntima con el Señor.

El camino de la cruz

Como verás, la relación estrecha e íntima con Cristo debe ser siempre el único propósito de tu alma. Por tanto, cuando te sientas tentado al pecado, o a las distracciones externas —cualquiera que sea el momento, el lugar o la provocación—, *sencillamente aléjate* de ese pecado.

Y cuando te alejes, acércate a tu Señor.

Así de sencillo.

¿Qué hace un niño pequeño cuando ve algo que lo asusta o confunde? No se queda allí firme, tratando de luchar con aquello. De hecho, apenas va a mirar a lo que lo asusta. Lo que hace el niño es correr rápidamente a los brazos de su madre.

Allí, en esos brazos, está seguro.

Exactamente de esa manera tú te debes alejar de los peligros de las tentaciones, y *correr* hacia tu Dios.

Dios está en medio de ella; no será conmovida. Dios la ayudará al clarear la mañana (Salmo 46:5).

Tú y yo somos muy débiles. En el mejor de los casos, somos *muy* débiles. Si tú, en tu debilidad, tratas de atacar a tus enemigos, muchas veces vas a terminar herido. Y con la misma frecuencia, vas a encontrarte derrotado.

—MME. GUYON

EL ESTADO CONSTANTE

Comenzaremos este capítulo con esta sencilla idea: Tus experiencias espirituales caen dentro de dos categorías. Las que son externas (superficiales) y las que se producen internamente, muy en lo profundo de tu ser. Hay actividades o acciones que tú formas: unas son superficiales; otras son más profundas.

Tus actividades externas son las que se pueden ver por fuera. Tienen que ver, más o menos, con las cosas físicas. Ahora, esto es lo que debes ver: No hay bondad real en ellas, no hay crecimiento espiritual en ellas, y hay muy *poca* experiencia de Cristo.

Por supuesto, hay una excepción: Si tus acciones externas son resultado (producto secundario) de algo que se ha producido muy en lo profundo de tu ser, entonces esas acciones externas *sí* reciben valor espiritual y *sí* poseen bondad real. Pero las actividades externas sólo tienen tanto valor espiritual como el que reciben de su fuente.

Por tanto, nuestro camino está claro. Les debemos prestar toda nuestra atención a aquellas actividades que se producen en lo profundo de nuestro ser más interior. *Éstas* son las actividades del Espíritu. El Espíritu está dentro, no fuera. Vuélvete hacia dentro, hacia tu espíritu, y al hacerlo, aléjate de las actividades y las distracciones externas.

La actividad interna comienza con volverse interiormente a Jesucristo, porque allí es donde Él está: dentro de tu espíritu.

Necesitas estarte volviendo continuamente a Dios en tu interior.

Préstale toda tu atención; utiliza toda la fortaleza de tu ser, puramente en Él.

Reúne todos los movimientos de tu corazón en la santidad de Dios. (Libros apócrifos).

David lo expresó muy bien cuando dijo: "A causa del poder del enemigo esperaré en ti, porque Dios es mi defensa". (Lee el Salmo 59:9).

¿Cómo se hace esto? Volviéndote ardientemente a Dios, que está siempre allí dentro de ti.

El camino de la cruz

Isaías dijo: "Volved en vosotros". (Lee Isaías 46:8). Al pecar, cada uno de nosotros se ha alejado de su corazón, y el corazón es lo único que Dios anhela.

Dame, hijo mío, tu corazón, y miren tus ojos por mis caminos (Lee Proverbios 23:26).

¿Qué significa darle todo tu corazón a Dios? Darle todo tu corazón a Dios es tener toda la energía de tu alma siempre centrada en Él.

De esta manera es como somos conformados a su voluntad.

Si eres nuevo en este viaje, tu espíritu aún no es fuerte. Tu alma se vuelve con facilidad a las cosas físicas exteriores; te es muy fácil dejarte distraer, alejándote del Señor, que es tu Centro.

Lo lejos que te alejes de Él va a depender de lo mucho que cedas ante las distracciones, y de lo lejos que te dejes arrastrar a las cosas superficiales. De igual manera, el método que uses para volver a Dios va a depender de lo lejos de Él que hayas ido a parar. Si sólo te has alejado ligeramente, sólo vas a necesitar un ligero giro para regresar.

Tan pronto notes que te estás alejando del Señor, debes volver *deliberadamente* tu atención a tu interior, donde está el Dios vivo. Vuelve a entrar en tu espíritu; regresa de inmediato al lugar donde te debes hallar en realidad: en Él. Mientras más completa sea esa vuelta, más completo será tu regreso al Señor.

Puedes tener la seguridad de que vas a permanecer allí —en Dios— por todo el tiempo que tu atención esté centrada en el Señor Jesucristo. ¿Qué te va a retener allí? Te va a retener allí la poderosa influencia de volver tu corazón a Dios con sencillez y sin fingimiento.

Repite este sencillo volverte hacia dentro, hacia el

Señor, una y otra vez, tan frecuentemente como te distraigas. Ten la seguridad de que al final, este volverse a Él se va a convertir en tu experiencia constante.

—MME. GUYON

VOLVERSE HACIA DENTRO

¿Qué quiero decir cuando hablo de este permanecer continuo en tu interior?

Estar *continuamente* vuelto hacia lo más profundo de tu ser, significa sencillamente que, después de haberte vuelto hacia Dios en tu interior —por un acto directo—, has permanecido en su presencia. No tienes más necesidad de seguirte volviendo hacia Cristo; ya permaneces con Él en las recámaras de tu espíritu. La única vez que necesitas asegurarte de que vuelves de nuevo, es cuando ese permanecer tuyo ha sido interrumpido por alguna razón.

En este punto de tu vida espiritual, no te debes preocupar por tratar de volverte al Señor por ningún medio externo. Hasta te va a ser difícil realizar un acto externo y deliberado para volverte a Él, cuando hayas comenzado este permanecer interior.

Como verás, ya te has vuelto hacia tu interior, hacia el Señor; toda actividad externa sólo va a servir para alejarte de tu unión con Él.

El acto de volverte hacia dentro; *ésa* es la meta. Cuando este acto haya sido formado en ti, se va a expresar a sí mismo como un continuo permanecer en tu espíritu, y un continuo intercambio de amor entre tú y el Señor. Una vez lograda esta meta, ya no hay más necesidad de andarla buscando por medio de actos *externos*. Tal vez olvides el acto externo de tratar de amar al Señor y ser amado por Él. En lugar de esto, limítate a continuar tal como estás. Debes limitarte a permanecer cerca de Dios *por medio* de este continuo permanecer en tu interior.

En este estado de volverte continuamente hacia Dios, estás permaneciendo en el amor de Dios, y el ser humano que permanece en el amor, permanece en Dios. (Lee 1 Juan 4:16). Reposa. Ahora bien, ¿qué significa esto? Reposa en el acto *continuamente* interno de permanecer.

Ahora, en este estado de reposo, ¿está activa tu alma, o pasiva? ¡Está activa! No te hallas en un estado pasivo, aunque estés reposando. Pero, ¿qué actividad puede haber en el reposo? Estás reposando en el acto de permanecer en su amor. ¿Puede ser esto una actividad? ¡Sí! Dentro de tu espíritu hay un acto que se está realizando. Es un *dulce sumergimiento en la Deidad.*

La atracción hacia dentro —el arrastre magnético— se vuelve cada vez más poderosa. Tu alma, al permanecer en el amor, es arrastrada por esta poderosa atracción y se hunde cada vez más profundo en ese amor.

Así que, como ves, esta actividad interna se ha vuelto mucho mayor de lo que era cuando tu alma comenzó a volverse hacia su interior. Bajo la poderosa atracción de Dios que te atrae hacia sí, la actividad interna ha aumentado.

—MME. GUYON

GANAR EL CORAZÓN

Al acercarnos a la conclusión de este librito, les querría dirigir unas palabras de exhortación a los obreros cristianos que están a cargo de los recién convertidos.

Meditemos en la situación presente. Alrededor de nosotros vemos por todas partes a los cristianos tratando de convertir a las almas perdidas a Jesucristo. ¿Cuál es la mejor forma de hacer esto? Y una vez que los seres humanos se han convertido, ¿cuál es la mejor manera de ayudarlos a alcanzar la perfección plena en Cristo?

La forma de alcanzar a las almas perdidas es alcanzarlas por el *corazón*. Si le presentáramos *la verdadera oración* y *una verdadera experiencia interna de Cristo* al recién convertido, veríamos un incontable número de convertidos llegar a ser verdaderos discípulos.

Por otra parte, puedes ver que la forma actual de enfrentarse sólo con las cosas externas en la vida de los recién convertidos produce poco fruto. Cargar al nuevo cristiano con innumerables reglas y con toda clase de normas, no lo ayuda a crecer en Cristo. He aquí lo que se debe hacer: Es Dios quien debe guiar al nuevo cristiano.

¿Cómo?

Aprendiendo a volverse a Jesucristo en su interior *y* dándole al Señor todo su corazón. Si eres uno de los que están a cargo de los nuevos creyentes, guíalos a un *verdadero conocimiento interno* de Jesucristo. ¡Oh, qué diferente sería la vida de esos nuevos cristianos!

Piensa en los resultados.

Veríamos al sencillo agricultor, mientras ara su campo, pasarse sus días en la bendición de la presencia de Dios. El pastor, mientras vigila su rebaño, tendría el mismo amor de abandono por el Señor que marcaba a los primeros cristianos. El trabajador de una industria, mientras trabaja con su hombre exterior, sería renovado con fortaleza en su hombre interior.

Verías a cada una de esas personas alejar de su vida

toda clase de pecado; todos se convertirían en hombres y mujeres espirituales con un corazón dedicado a conocer y experimentar a Jesucristo.

Para el nuevo cristiano —en realidad, para todos nosotros—, el corazón tiene importancia suma para poder seguir adelante en Cristo. Una vez que Dios ha ganado el corazón, todo lo demás va a terminar cayendo en su lugar. Por eso Él exige el corazón por encima de todo lo demás.

Querido lector, todos tus pecados van a desaparecer a base de que el Señor gane tu corazón, y de ninguna otra forma. Si se pudiera ganar el corazón, Jesucristo reinaría en paz, y toda la Iglesia sería renovada.

—MME. GUYON

EL LOGRO MÁXIMO DEL CRISTIANO

Llegamos ahora al estado máximo de la experiencia cristiana.

La unión divina.

Esto no se puede producir simplemente por medio de tu propia experiencia. La meditación no va a producir la unión divina; tampoco la pueden lograr el amor, la adoración, tu entrega o tu sacrificio. Ni importa tampoco la cantidad de luz que te dé el Señor.

En última instancia, va a hacer falta un *acto de Dios* para convertir la unión en realidad.

En el Antiguo Testamento, las Escrituras dicen: "No me verá hombre, y vivirá" (Lee Éxodo 33:20). Si tu oración contiene aún tu propia vida, esa oración no puede ver a Dios. *Tu* vida *no* va a conocer la experiencia de la unión con *su* vida.

51

Todo lo que es obra tuya; *todo* lo que procede de tu vida —hasta tu oración más elevada— debe ser destruido primero, antes que se pueda producir la unión.

Todas las oraciones que proceden de tu mente sólo son *preparaciones* para llevarte a un estado pasivo; toda contemplación activa por tu parte, también es sólo preparación para llevarte a ese estado pasivo. Son preparaciones. *No son el fin.* Son un *camino* hacia el fin.

¡El *fin* es la unión con Dios!

—MME. GUYON

LA PÉRDIDA DE SÍ MISMO

En este universo hay algo que es lo diametralmente opuesto a Dios; es el yo. La actividad de ese yo es la fuente de toda la naturaleza de maldad, y también de todas las obras de maldad del hombre. Por otra parte, la *pérdida* del yo en el alma aumenta la pureza de esa alma. De hecho, la pureza del alma aumenta en proporción directa y exacta a la pérdida del yo.

Mientras sigas empleando tu propia naturaleza de alguna forma, seguirán existiendo en ti algunos fallos. Pero después que te alejes de ti mismo, no podrán existir fallos, y todo va a ser pureza e inocencia.

Fue la entrada del *yo*, que llegó al alma como resultado de la caída, la que estableció una diferencia entre el alma y Dios.

¿Cómo es posible que lleguen a unirse alguna vez dos cosas tan opuestas como el alma y Dios? ¿Cómo es posible que la pureza de Dios y la impureza del alma se vuelvan una? ¿Cómo pueden la sencillez (o unidad) de

Dios y la multiplicidad (la inconstancia sin fin) del hombre fundirse en un solo elemento?

Ciertamente, hace falta mucho más que los esfuerzos que *tú* puedas hacer solo.

Entonces, ¿qué hace falta para que se logre esa unión? Un mover por parte del mismo Dios Todopoderoso. Esto es lo único que puede llegar a realizar la unión.

Para que dos cosas se vuelvan una, las dos deben tener naturalezas similares. Por ejemplo, la impureza de la suciedad no se puede unir con la pureza del oro. Hace falta introducir el fuego para destruir la escoria y dejar el oro puro. Por eso, Dios envía fuego a la tierra (ese fuego se llama su Sabiduría), a fin de destruir todo lo que sea impuro en ti. Nada se puede resistir al poder de ese oro. Lo consume *todo*. Su sabiduría quema y destruye todas las impurezas que hay en un hombre, con un solo propósito: *dejarlo listo para la unión divina.*

—MME. GUYON

LA PURIFICACIÓN DEL ALMA

Dios quiere hacer pura tu alma. La purifica con su sabiduría de la misma forma que el refinador purifica el metal en el horno. *El fuego es la única cosa que puede purificar el oro.*

Una vez más, el fuego que nos consume —por completo— es su sabiduría más alta.

Este fuego consume de manera gradual todo lo que es terrenal; saca toda materia extraña, y separa estas cosas del oro.

El fuego parece saber que la mezcla terrenal no se

puede transformar en oro. El fuego tiene que derretir y disolver esta escoria por la fuerza, para poder liberar al oro de toda partícula extraña. Una y otra vez, es necesario meter el oro en el horno, hasta que haya perdido todo resto de contaminación. Oh, cuántas veces se lanza de nuevo el oro al fuego; muchas, muchas más veces de las que nos parecerían necesarias. Sin embargo, puedes estar seguro de que el Fraguador ve impurezas que nadie más puede ver. El oro debe volver al fuego una y otra vez hasta que se hayan establecido pruebas positivas de que ya no es posible purificarlo más.

Al final, llega un tiempo en que el orífice no puede hallar más mezclas que adulteren el oro. Cuando el fuego haya perfeccionado la *pureza* —o tal vez debería hablar de *sencillez*—, ya no lo sigue tocando. Si el oro se quedara en el horno por toda una eternidad, ni se podría mejorar su pureza, ni disminuir su sustancia.

Ahora, el oro está listo para ser trabajado de la forma más exquisita. En el futuro, si el oro se ensucia, y parece perder su belleza, no es más que una impureza accidental que sólo toca su superficie. Esta suciedad no es obstáculo para el uso de esta vasija de oro. Esta partícula extraña que se adhiere a la superficie está muy lejos de ser la corrupción que se tiene muy dentro de la naturaleza escondida del oro.

Serían muy pocos los seres humanos que rechazarían una vasija de oro puro porque tuviera un poco de suciedad externa, prefiriendo algún metal barato, sólo porque su superficie haya sido pulida.

Te ruego que no me malinterpretes. No estoy excusando el pecado en la vida de una persona en unión con Dios. Nunca se me ha ocurrido semejante idea. Aquí sólo me estoy refiriendo a los defectos naturales; los defectos que Dios deja deliberadamente hasta en los mayores de sus santos, a fin de protegerlos del orgullo y apartarlos de las alabanzas de los hombres que sólo juzgan por las apariencias externas.

Dios permite que queden defectos hasta en los más amados de su santos, a fin de poder mantener a esos santos alejados de la corrupción y de "esconderlos en lo secreto de su presencia" (Lee el Salmo 31:20).

—MME. GUYON

NOTA

1. Transformación.

EL CAMINO INTERIOR

SUELTA LA ANSIEDAD

Deja que tu ansiedad se aleje de ti como una corriente de agua. ¡Qué evidencias te fabricas en la mente para las situaciones más imaginarias concebibles! A pesar de tu excelente buen sentido, Dios te permite estar ciego a lo que tienes frente a ti. Piensas que ves con claridad algo que ni siquiera existe. Dios se va a glorificar en tu vida, si te sometes a Él. Nunca tomes decisiones de importancia sintiéndote atormentado. Sencillamente, no puedes ver con claridad.

Cuando estés tranquilo y sosegado, vas a poder conocer con mayor claridad la voluntad de Dios. Vuélvete hacia la entrega y la sencillez. Escucha a Dios y mantente sordo a ti mismo. Cuando te halles en una situación de reposo tranquilo y callado, haz todo lo que sientas dentro de tu Espíritu. Pero suponer que tienes la mente equilibrada cuando estás en la agonía de un tormento, es prepararte para cometer un error. Todo consejero espiritual experimentado te dirá que no tomes decisiones mientras no recuperes tu paz y vuelvas a entrar a la oración interior. Nunca confíes en ti mismo cuando estés sufriendo mucho, porque tu naturaleza es muy poco razonable y muy trastornable.

Dices que voy a tratar de impedir que hagas lo que debes. ¡Dios no lo permita! No quiero ni animarte ni detenerte. Sólo quiero que agrades a Dios. Está tan claro como el día que no vas a hacer lo que Dios quiere, si actúas cuando tu vieja naturaleza se esté sintiendo profundamente herida, hasta el punto de la desesperación. ¿Harías algo sólo para sentirte feliz, aunque fuera contra la voluntad de Dios? De ninguna manera. Espera hasta que no te sientas tan herido. Permanece abierto a toda alternativa que Dios te pueda sugerir. Sacrifica lo que sea por Él.

—FÉNELON

LA GUÍA CALLADA

Sé que Dios te va a guardar. Aunque no disfrutes de la disciplina espiritual, sé fiel y busca a Dios tanto como te lo permita tu salud. Me doy cuenta de que comer, tanto física como espiritual, es algo que no te atrae ahora. Sin embargo, tienes que comer para sobrevivir.

Sería bueno que pudieras tener unos cuantos minutos de comunión con aquellos miembros de tu familia en los cuales puedes confiar. En cuanto a quién le puedes hablar, déjate guiar por tu sensación interior de lo que es correcto en cada momento. Dios no te guía con emociones extremas, y estoy contenta de que así sea. Mantente fiel a su susurro. Las fuertes emociones y los sentimientos profundos, o la búsqueda de señales, pueden ser más peligrosos que útiles. Con toda seguridad, tu imaginación se va a alejar contigo. Dios te va a guiar, casi sin que lo sepas, si decides ser fiel en cuanto a comparecer calladamente ante Él. Como de Él y de su Palabra. Ámalo y te diré que no hagas más. Porque si lo amas, todo lo demás va a salir bien. No te estoy pidiendo un amor tierno y emotivo, sino sencillamente, que te inclines hacia el amor. Pon a Dios antes que a ti mismo y al mundo, hasta tus malos apetitos van a comenzar a sufrir una transformación.

—Fénelon

El cultivo del silencio

Limitarte a comparecer calladamente ante Dios va a hacer más que preocuparte o ser demasiado religioso. El silencio es muy importante. Aunque no puedas hallar un silencio absoluto, podrías tratar de dejar que sean otros los que lleven la voz cantante en las conversaciones. No hay mejor forma de apagar la fortaleza natural de tu vieja naturaleza, que silenciándola. Guarda tu lengua. A medida que vayas estando más consciente de la presencia de Dios en tu interior, vas a ir viendo cómo Él puede mantener bajo su dominio tus palabras, pensamientos y apetitos. Esta obra sucede toda gradualmente, así que ten paciencia contigo mismo y con los demás.

Trata de practicar el silencio tanto como la cortesía en general te lo permita. El silencio favorece la presencia de Dios, impide las palabras rudas y hace que sea menos probable que digas algo de lo que te vas a lamentar. También te ayuda a poner distancia entre tu persona y el mundo. En el silencio que cultives, vas a hallar fortaleza para satisfacer tus necesidades.

Por mucho que cultives el silencio, aún habrá muchas situaciones perturbadoras en las cuales te vas a encontrar en contra de tu voluntad. Dios sabe que quieres tener mucho tiempo para orar, pero también permite que te veas rodeado de cosas que parecen impedir que ores.

Aprende a amar la voluntad de Dios más que la dulzura de la oración escogida por ti mismo. Sabes muy bien que no necesitas orar en tu lugar secreto para amar a Dios. Cuando Él te de tiempo, úsalo para orar. Cuando no haya tiempo, quédate satisfecho de todas formas. Levanta tu espíritu hasta Él sin hacer ninguna señal externa. Habla sólo cuando sea necesario. Soporta las cosas más duras que se te crucen en la vida. Necesitas negarte a ti mismo, más que recibir una cantidad mayor de luz. Sé fiel en mantenerte en silencio, y Dios te va a guardar del mal cuando hables.

Acepta lo que Dios escoja para ti. Esto es más importante que lo que escojas para ti mismo, porque tú te tratas demasiado bien. Día tras día, entrégate a Dios. Él te lleva en sus brazos como una madre lleva a su niño. Cree, espera y ama como un niño. Mira con amor y confianza a tu Padre celestial.

—FÉNELON

SAL DE TI MISMO

Mientras vivas de acuerdo a tu vieja naturaleza, estarás abierto a todas las injusticias de los hombres. Tu temperamento te va a meter en peleas, tus pasiones van a chocar con tus vecinos, tus apetitos van a se como puntos débiles abiertos a las flechas de tus enemigos. Todo va a estar en tu contra, y te va a atacar desde todas partes. Si vives a la merced de una multitud de apetitos codiciosos y hambrientos, entonces nunca vas a hallar la paz. Nunca estarás satisfecho, porque todo te va a molestar. Vas a ser como un inválido que lleva en cama muchos años: dondequiera que te toquen, te va a doler. Tu amor propio es terriblemente sensible. Por ligero que se lo insulte, grita:

"Asesino". Añade a esto toda la falta de sensibilidad de los demás, su repugnancia por tu debilidad (y tu repugnancia por la de ellos), y tendrás a los hijos de Adán atormentándose continuamente unos a otros.

La única esperanza consiste en que salgas de ti mismo. Pierde todo tu interés en ti mismo. Sólo entonces podrás disfrutar de la verdadera paz reservada a los "hombres de buena voluntad". Estas personas no tienen más voluntad que la de Dios. Si llegas a un punto así, ¿qué te va a poder hacer daño? Ya no te van a atacar por medio de tus esperanzas o temores. Te podrán incomodar, molestar o disgustar, pero puedes descansar en Él. Ama la mano que te disciplina. Halla la paz en todas las cosas; hasta en ir a la cruz. Sé feliz con lo que tienes. No desees nada más. Ríndete a Dios y halla la paz verdadera.

—FÉNELON

VIVE AL DÍA

Tu caminar espiritual es demasiado inquieto y afligido. Limítate a confiar en Dios. Si acudes a Él, te va a dar todo lo que necesites para servirle. Necesitas creer realmente que Dios cumple lo que promete. Mientras más confíes en Él, más te va a poder dar. Si estuvieras perdido en medio de un desierto imposible de cruzar, caería pan del cielo sólo para ti.

No temas otra cosa más que fallarle a Dios. Y ni siquiera temas eso tanto, que dejes que te incomode. Aprende a vivir con tus fallos, y soporta los fallos de tu prójimo. ¿Sabes qué sería lo mejor para ti? Dejar de intentar el dar la apariencia de ser tan mental y espiritualmente perfecto ante

Dios y ante los hombres. Hay mucho egoísmo y autosuficiencia refinados en eso de no permitir que se revelen tus fallos. Sé sencillo con Dios. A Él le encanta comunicarse con la gente sencilla. Vive al día, no en tus propias fuerzas, sino por medio de una entrega total a Dios.

—FÉNELON

LA CALMA INTERIOR

He sabido que estás teniendo problemas para dormir. Debes esperar en paz a que te llegue el sueño. Si permites que tu imaginación se apodere de ti cuando estás tratando de dormir, tal vez nunca te llegues a dormir. No voy a pensar que estás creciendo espiritualmente, mientras no vea que te has tranquilizado lo suficiente como para dormir en paz y sin inquietudes.

Pídele a Dios esa calma y ese reposo interno. Yo sé lo que estás pensando: que el control de tu imaginación no depende de ti mismo. Te ruego que me disculpes, pero sí depende de ti en gran grado. Cuando elimines todos los pensamientos inquietos y nada provechosos que puedes controlar, vas a reducir grandemente todos esos pensamientos que son involuntarios. Dios va a proteger tu imaginación, si tú haces lo que te corresponde al no fomentar tus pensamientos desviados.

Vive en paz. Tu imaginación es demasiado activa; va a terminar devorándote. Tu vida interior va a morir de hambre. Todo ese zumbido que tienes en la mente se parece a las abejas en un panal. Si alborotas tus pensamientos, ellos se enojan y te pican. ¿Cómo puedes esperar que Dios te hable en su tranquila voz interior, cuando tú mismo estás haciendo tanto ruido? Cállate y vas a oír hablar a Dios. Vive en la paz de Jesús.

—FÉNELON

UNA MALA COMPRENSIÓN DE LA ORACIÓN

Regresa a la oración y a la comunión interna con Dios, cualquiera que sea el precio que tengas que pagar. Has agotado tu espíritu a base de perseguir este deseo sin saber si Dios lo quería para ti.

No pierdas tu tiempo haciendo planes que sólo son telarañas, porque viene una ráfaga de viento y se los lleva. Te has alejado de Dios, y ahora te encuentras con que Dios ha retirado de ti la sensación de su presencia. Regresa a Él y dáselo todo sin reservas. De no ser así, no va a haber paz para ti. Suelta todos tus planes; Dios va a hacer lo que vea que es mejor para ti.

Aunque pidieras realizar tus planes con medios terrenales, Dios no los bendeciría. Ofrécele el enredo que tienes en las manos, y Él lo va a enderezar todo hacia sus propios propósitos llenos de misericordia. Tienes que aprender a soltarlo todo, tanto si Dios te llega a dar lo que anhelas tan ardientemente, como si no te lo da. Lo más importante es que vuelvas a la comunión con Dios, aunque te parezca árida y te distraigas con facilidad.

—FÉNELON

LAS REALIDADES INTERNAS

Evita todo lo que te agote o excite. Tu vida de oración se va a secar si no lo haces. No esperes alimentar tu vida interior, si vives sólo para lo exterior. Necesitas realmente aprender a renunciar a todo lo que te haga demasiado explícito en tu conversación. ¿Cómo vas a cultivar el silencio interior, si siempre estás hablando? No puedes querer a Dios y a las cosas del mundo al mismo tiempo. ¿No te das cuenta de que tu oración se va a ver afectada por lo que cultives en tu vida diaria?

Teme tus excesos de entusiasmo, tu gusto por las cosas del mundo y tus ambiciones escondidas. No te emociones tanto con la política y los partidos. Si te agitas demasiado, te va a ser más difícil calmarte ante Dios. Habla poco y trabaja firme. Deja que las acciones ocupen el lugar de tus floridas palabras.

Después de aprender a enfrentarte con tus pensamientos errantes, debes aprender a acudir a Dios para renovar tu fortaleza. Aprende a hacerlo aun en medio de las tareas corrientes del día. Sigue mirando al Señor en busca de que Él te guíe delicadamente. Pero no hagas tanto ruido que no lo puedas escuchar.

Vas a perder el rumbo en el mismo instante en que decidas ir por tu propio camino. Cuando busques sólo la voluntad de Dios, la vas a hallar por todas partes y no te vas a poder descarriar. Querer lo que Dios quiere es algo que siempre te pone en el camino recto. El futuro aún no es tuyo; tal vez nunca lo llegue a ser. Vive en el momento presente. La gracia de mañana no se te da en el día de hoy. El momento presente es el único lugar en el que puedes tocar la esfera de lo eterno.

—FÉNELON

LA VERDADERA ORACIÓN

La verdadera oración consiste sencillamente en amar a Dios. No es el montón de palabras lo que hace grande la oración, porque Dios conoce tus sentimientos más internos antes que los expreses. La verdadera oración procede del espíritu. Sólo oras por lo que realmente quieres. Si no ves lo que estás anhelando desde lo más profundo del corazón, tu oración es engañosa. Te podrías pasar días enteros "orando", pero si no oras desde tus anhelos más profundos e internos, no estás orando.

Oras sin cesar cuando hay un amor verdadero en tu corazón, y cuando hay en él un anhelo nacido de Dios. El amor, escondido en las profundidades del espíritu, ora constantemente, hasta cuando tu mente necesita poner su atención en otra cosa. El amor le pide a Dios que te dé lo que necesitas, y que mire tu sinceridad por encima de tu debilidad humana.

El amor de Dios dentro de ti quita hasta los fallos más pequeños, y te purifica como fuego consumidor. El Espíritu dentro de ti pide todas las cosas según la voluntad de Dios. Hasta cuando estás ocupado con cosas externas, sigue habiendo un fuego que arde constantemente dentro de ti. Este fuego, que no se puede apagar, alienta una oración secreta que es como una lámpara que arde siempre ante el trono de Dios. "Yo duermo, pero mi corazón está despierto."

Hay dos cosas que te van a ayudar a mantener este

espíritu de oración: tomar la costumbre de separar un momento para estar con Dios, y regresar a Él tanto como puedas durante el día. Mantente alejado de las personas que te distraen mucho, o que excitan tus pasiones.

El primer fruto de un amor sincero hacia Dios es el ardiente anhelo de hacer cuanto puedas para complacer a tu Amado. Menos que eso equivale a amarte a ti mismo más que a Dios. De ninguna manera. Al precio que sea, debes estar dispuesto a hacer cuanto Él te pida, sin reservas.

Haz lo que debes hacer antes de salir a disfrutar. Los que descuidan sus deberes para "pasar más tiempo con Dios", se engañan a sí mismos. No te vas a acercar más a Dios a base de ser irresponsable y llamar a eso "espiritualidad". La verdadera unión con Dios consiste en hacer todo lo que Dios te exige, sin importar cómo te sientas.

Asegúrate de separar tiempo para Dios. Los que se hallan en posiciones de importancia muchas veces están ocupados y tienen la tentación de dejar para última hora el momento de comunión con Dios. ¿Sabes lo que sucede? Que así, nunca vas a tener tiempo alguno para Dios. Sé firme contigo mismo. No dejes que la confusión del día se apodere de tu tiempo con Dios. Esto te parecerá demasiado estricto, pero muy pronto te vas a destruir si no escuchas lo que te digo al respecto.

—FÉNELON

EL SILENCIO INTERIOR

Dios es tu verdadero amigo, y siempre te va a dar el consejo y el consuelo que necesitas. No te le resistas.

El camino interior

Aprende a escucharlo en el silencio, de manera que no te pierdas una sola palabra de todo lo que diga. Sabes mucho acerca del silencio exterior, y poco del silencio interior. Tienes que practicar la forma de callar a tu inquieta imaginación. Deja de escuchar tu mente no renovada y la clase de lógica que tiene. Acostúmbrate a acudir a Dios para pedirle ayuda cuando Él te pida algo que tienes miedo de darle.

Tu sensibilidad a los asuntos más pequeños demuestra lo mucho que necesitas que Dios te arranque las cosas del mundo. Estás haciendo grandes progresos cuando comienzas a darle a Dios todas las actitudes infantiles que tienes, y dejas que Él se enfrente con los "pequeños" problemas de tu vida. No necesitas hacer una profunda manifestación de espiritualidad; sólo deja que Dios obre en las cosas diarias de tu vida. Puedes morir a ti mismo en el transcurso de tu vida cotidiana; no necesitas salir al desierto, o subir a un alto monte, para ser espiritual. Todo lo que Dios te pide es que le des lo que Él te indique que le des. Para hacer esto, tienes que velar y orar. Cultiva la confianza en Dios, en lugar de cultivar tu vanidad, tu curiosidad o tu naturaleza perezosa.

—FÉNELON

LA ORACIÓN DE RENDICIÓN

Dios mío, me quiero entregar a ti. Dame el valor necesario para hacerlo. Dentro de mí, mi espíritu suspira por ti. Fortalece mi voluntad. Tómame. Si yo no tengo la fuerza necesaria para dártelo todo, entonces atráeme con la dulzura de tu amor. Señor, ¿de quién soy, sino tuyo?

¡Qué horrible sería pertenecer a mí mismo y a mis pasiones! Ayúdame a hallar en ti toda mi felicidad, porque no hay felicidad alguna fuera de ti.

¿Por qué tengo miedo de romper mis cadenas? ¿Acaso las cosas de este mundo significan más que tú para mí? ¿Tengo miedo de entregarme a ti? ¡Qué error! Ni siquiera soy yo quien me entregaría a ti, sino que eres tú el que te entregarías a mí. Toma mi corazón.

¡Qué gozo tan grande es estar contigo; estarme callado para poder escuchar tu voz! Aliméntame y enséñame desde tus profundidades. Oh Dios, sólo tú haces que te ame. ¿Por qué habría de tener miedo a dártelo todo y acercarme a ti? ¡Quedarme en el mundo es algo más aterrador que esto! Tu misericordia puede vencer cualquier obstáculo. No soy digno de ti, pero me puedo convertir en un milagro de tu gracia.

—FÉNELON

El camino interior

DOS CLASES DE ORACIÓN

¿Qué es la oración? Es el ascenso de la mente hasta Dios. Él está por encima de todos nosotros, y no lo podemos ver; por tanto, conversamos con Él. Una oración así es la más sencilla. Pero esta es una clase de oración que es esencialmente un discurso mental con Dios.

Pero cuando el creyente fija su atención en el rostro de su Señor sin exigir consideración ni razonamiento; sin necesidad de pruebas para convencerse de nada, *ésa* es una oración más alta.

Hay una manera de ver a tu Señor en la cual la razón, la meditación y el pensamiento no desempeñan un papel de importancia. En la primera clase de oración, uno *piensa* en Dios; en la otra, lo *contemplas*. La segunda es una práctica más pura.

Una vez que un barco ha llegado a puerto, se ha acabado su viaje, ¿no es así? De igual forma, para que alcancemos realmente a Dios, tenemos que usar algún medio para llegar a Él. Pero una vez establecidos esos medios, y una vez alcanzado el fin, dejas de lado los medios. Es decir, abandonas el método.

Algunas veces, la oración racional *es* un buen lugar por donde comenzar. Sin embargo, la oración racional no es más que un método para llevarte a una relación más profunda y sosegada con tu Señor. Cuando has llegado a este segundo nivel de oración, le pones fin a toda discusión racional, y en lugar de hacerla, descansas. Una sencilla visión de Dios; verlo y amarlo (y rechazando muy delicadamente todas las imágenes que te vengan a la mente): *Ésta* es una oración más llena de sentido.

La mente permanece tranquila en la presencia divina. Dentro de ti, todo se halla recogido, *centrado* y fijado por completo en Él.

Te conviene ya que quieres buscar una forma más profunda de caminar con tu Señor, dejar a un lado pronto las cosas inteligibles. En resumen, déjalo todo a un lado y lánzate al seno de un Dios amoroso. Este Señor tuyo terminará restaurando *todo* cuanto has abandonado, al mismo tiempo que aumenta tu fortaleza y poder. (Hablo de un poder para *amarlo* con mayor ardor). A su vez, este amor te va a mantener en todas las circunstancias que se te presenten en la vida. Puedes estar seguro de que el amor que vas a derramar en Él (un amor que Él mismo te dará) vale más que todas las acciones que puedas realizar jamás. Es poco lo que puedes hacer por Dios. En esta vida es tan poco lo que vas a llegar a comprender realmente acerca de Él, que no me importa lo sabio que seas, ni lo mucho que estudies. Pero, oh, sí lo puedes amar grandemente.

—MOLINOS

EL ANHELO DE ABANDONAR LA ORACIÓN EXTERNA

Me gustaría señalar algunas cosas que esperarías encontrar en tu viaje hacia una relación más profunda con el Señor. Es posible que termines por llegar a un lugar en el que te encuentres incapaz de seguir adelante con una vida de oración inteligente, *o* por lo menos, comiences a *anhelar* el dejar de lado ese tipo de oración. Esto no te va a venir por medio de tus inclinaciones naturales, ni porque te encuentres en un período de aridez, sino que es el Señor mismo quien lo provoca en lo profundo de tu ser. Esta inclinación a dejar de lado una oración más externa es el final natural de tu buscar y hambrear algo más profundo.

Otra posibilidad que tal vez notes es que la lectura de libros se vuelve tediosa. Tal vez esto se deba porque no hablan de cuestiones interiores.

Hay otra experiencia que podrías encontrarte: un conocimiento creciente de la naturaleza de tu propio *yo*, un aborrecimiento de tus pecados, y una comprensión de la naturaleza más profunda de Dios y de su santidad.

Lo que estás anhelando es algo que sólo el Señor te puede dar.

No vas a conocer por completo la vida interior de la que te hablo, hasta que sepas lo que significa que tu propia voluntad se conforme a la voluntad divina. Si tú, el creyente, quieres que algo triunfe, si quieres que todo suceda según tu propia voluntad, entonces nunca vas a conocer la senda de la paz. La persona que es así, también va a llevar una vida amarga y vacía, siempre inquieta y perturbada, sin tocar nunca la senda de la paz. Este caminar más profundo se halla en una conformidad total con la voluntad de Dios.

—MOLINOS

ESPERA EL FRACASO

Deberías saber que todo cristiano que es llamado por el Señor al camino interior, es sin embargo, un cristiano que está lleno de confusión y de dudas, y que ha fracasado (y va a fracasar) en este nivel más profundo de oración. De hecho, tal vez llegues a tener la impresión de que el Señor ya no te ayuda en la oración, como hacía antes. Tal vez sientas que estás perdiendo una gran cantidad de tiempo sin hacer progreso alguno. Es muy posible que sientas confusión y perplejidad. Sin embargo, no te detengas, y no dejes que nadie, ni siquiera alguien con más tiempo en la fe, impida que busques una relación más profunda con tu Señor.

¿Qué está pasando realmente en tu vida? ¿Estás experimentando *de verdad* el fracaso? De ningún modo.

El Señor te está llamando a caminar por *fe* en su divina presencia. Con una visión sencilla de tu Señor y con un intenso amor por Él —como el que tendría un niño pequeño hacia su madre—, lánzate al delicado seno de tu Señor. El espíritu debe volverse como un niño pequeño y como un *limosnero* en la presencia de Dios.

Una relación así con tu Señor —sobre todo en los tiempos en que *sientes* que has fracasado— es *fácil*. Es también la relación *más segura* en la que puedes entrar con Él. El nivel de oración que estás buscando es uno libre de la imaginación errante y de razonamiento. Ambas cosas distraen mucho, y te pueden enredar en la especulación y la introspección… sobre todo durante los períodos de fracaso.

—MOLINOS

LA LIMITACIÓN DE LA ORACIÓN EXTERNA

A lo largo de todos los tiempos, ha sido concepto común de los creyentes espirituales que el creyente no puede alcanzar un caminar más profundo en relación

El camino interior

con su Señor por medio de una oración que sea formada mayormente por consideraciones, peticiones, meditación, razonamiento y una gran cantidad de comentarios objetivos. En el mejor de los casos, este tipo de oración beneficia sólo en los *inicios* de la búsqueda espiritual.

Se ha observado además que esta oración superficial y objetiva es algo que se aprende con gran rapidez.

En cambio, la relación con Cristo de la que estamos hablando aquí *no* se aprende con rapidez.

Si continúas con la oración exterior típica (la más corriente entre los que oran), y si esta práctica continúa año tras año sin un fuerte progreso ascendente, entonces estás desperdiciando una gran cantidad de tiempo. ¿Por qué buscar al Señor a base de esforzar tu cerebro, de buscar algún lugar donde ir a orar, en escoger los puntos de los que vas a hablar y en esforzarte por hallar fuera a un Dios… cuando lo tienes dentro de ti?

San Agustín lo resumió hermosamente:

> Señor, anduve errante como una oveja perdida, buscándote con un ansioso razonamiento que pesaba en mi interior. Me agoté mucho buscándote fuera. Sin embargo, tú tenías tu habitación dentro de mí. ¡Si te hubiera anhelado, y jadeado en busca tuya! Anduve por las calles y plazas de las ciudades de este mundo sin hallarte, porque te buscaba en vano por fuera a ti, que estabas dentro.

Sencillamente, no vamos a hallar fuera a nuestro Dios. Tampoco lo hallaremos por medio del razonamiento, la lógica y la información superficial. Cada uno de nosotros lo tiene presente en su interior. Parece haber una especie de ceguera en los creyentes que siempre buscan a Dios, claman por Él, lo anhelan, invocan su nombre, oran a diario, y nunca descubren que ellos mismos son un templo vivo, y su único lugar de habitación *verdadero*.

Su propio espíritu es el asiento y trono de un Dios que continuamente descansa dentro de ellos.

Entonces, ¿quién, sino un necio, buscaría un instrumento de Dios fuera, si sabe que se halla dentro de su propia puerta? O, ¿quién va a sentirse satisfecho jamás, si tiene hambre y con todo se niega a probar siquiera? Sin embargo, ésta es la vida que llevan muchos buenos hombres, siempre buscando y nunca disfrutando. Sus obras son imperfectas.

No debes pensar que la vía espiritual es difícil… ni que es sólo para mentes muy avanzadas.

Tu Señor lo hizo ver con claridad cuando escogió a sus apóstoles. Eran hombres ignorantes y de baja condición. Al hablarle al Padre, le dijo: "Te alabo, Padre, Señor del cielo y de la tierra, porque escondiste estas cosas de los sabios y de los entendidos, y las revelaste a los niños." Está muy claro que no vamos a alcanzar esas cosas profundas, ni esos lugares profundos que llevamos dentro, a base de razonamientos, o de una oración superficial.

—MOLINOS

DOS EXPERIENCIAS ESPIRITUALES

En todo tu peregrinar como creyente, vas a tener dos categorías de experiencias espirituales. Una es tierna, deleitosa y llena de amor. La otra puede ser bastante oscura, seca, tenebrosa y desolada. Dios nos da las primeras para ganarnos; nos da las segundas para purificarnos.

Primero trata contigo como si sólo fueras un niño. *Entonces*, comienza a tratarte como si fueras un hombre fuerte. En las primeras una gran parte de tu experiencia cristiana está atada a lo que puedes captar exteriormente por los sentidos. (Te atraen esas maravillosas experiencias agradables y exteriores; de hecho, hasta te pueden crear hábito). Pero la otra categoría de experiencias cristianas exige que seas un creyente al que ya no le importen los sentidos exteriores. En lugar de esto, debes saber pelear contra tus propias pasiones, y llegar a una voluntad que se halle en acuerdo y concierto total con el Señor... Ésta es la ocupación correcta para todos nosotros.

Los tiempos de aridez son instrumento de Dios para *tu* bien. Sí, es cierto que en esos tiempos quedan desposeídos tus cinco sentidos, y termina todo progreso *exterior* o toda piedad *exterior*. Pero debes saber esto: En tiempos así, o vas a dejar la oración, y tal vez incluso una gran parte de tu caminar cristiano, *o* vas a ser llevado a un consuelo que no tiene nada que ver con los sentidos externos.

Siempre hay un velo que nos llega en relación con los tiempos de aridez; son unos tiempos en los que no sabemos lo que Él está haciendo. Si siempre supiéramos en qué está obrando (cuando obra *sobre* nuestro hombre exterior y obra *en* nuestro hombre interior), nos volveríamos muy presuntuosos. Nos imaginaríamos que nos va muy bien, si siempre supiéramos lo que Él está haciendo, ¿no es así? Hasta tal vez calcularíamos que nos habíamos acercado mucho a Dios. Este tipo de conclusión nos destruiría muy pronto.

La dependencia en las circunstancias externas, todo lo referente a que tu comprensión espiritual dependa de tus sentidos externos; *todo* esto debe desaparecer en el camino. ¿Cómo? ¡Por medio de la aridez!

El Señor usa estas tierras áridas; estos lugares desiertos.

El agricultor siembra en una estación y cosecha en otra; Dios hace algo muy parecido. *En su tiempo* es cuando te da fuerzas contra las tentaciones. (Muchas veces esas fuerzas te llegan en el momento que menos lo piensas).

¿Cuáles son los frutos de un creyente que persiste en buscar al Señor de una forma más profunda en esas temporadas de sequía? Si sobrevives a esos períodos y perseveras humildemente en seguirlo a Él, ¿cuál podrías esperar que fuera el resultado de estas sequías?

Vas a aprender el don de la perseverancia, que tiene muchos frutos y ventajas. Vas a desarrollar un estado de alerta contra las cosas de este mundo poco a poco, y a paso lento, los apetitos de tu vida pasada van a perder su fuerza; van a surgir otros nuevos dirigidos hacia tu Señor.

También vas a aprender la reflexión y la concentración en cosas en las cuales antes no tenías prácticamente ningún interés.

Cuando estés al borde de cometer alguna maldad, vas a sentir una advertencia en lo más profundo de ti; una advertencia que va a impedir que ejecutes ese mal. Tu apego a ese placer terrenal quedará cortado, o vas a huir de esa situación o de esa conversación, o lo que sea aquello que te esté alejando. Vas a dejar a un lado cosas de tu vida que nunca antes te habían molestado la conciencia.

—MOLINOS

PERSEVERAR EN LA ORACIÓN

Cuando caigas en alguna falta, confiando en que va a ser ligera, vas a hallar dentro de ti un reproche que te va a afligir grandemente.

Estas cosas van a hacer crecer gradualmente dentro de ti una disposición favorable, tal vez incluso un sentido dentro de ti, de que ahora estás dispuesto a sufrir para hacer la voluntad de Dios.

También va a crecer gradualmente en ti una inclinación hacia las cosas santas (tal vez hasta una cierta facilidad para enfrentarte con tu propia naturaleza y con tus pasiones, e incluso con el enemigo que te espera en el camino).

Vas a aprender a conocer la naturaleza de tu yo y despreciarla. Sin esta profunda comprensión —incluso esta revelación—, todos los demás intentos de "espiritualidad" carecen de validez. Vas a experimentar una gran estima por Dios; una estima que lo pone muy por encima de todas las criaturas. Vas a tener la firme resolución de no permitirte el abandonar su presencia, porque dejarlo, abandonarlo, sería en sí mismo el más grande de los sufrimientos y la mayor de las pérdidas.

Vas a tener dentro de ti una sensación de paz. Una seguridad basada en la soberanía de Dios, e incluso un despego con respecto a todas las demás cosas.

Todo esto se puede presentar como resultado de tu perseverancia en una oración que es *seca* y *árida*. No vas a sentir estas cosas cuando estés en oración, sino más tarde; tal vez *mucho* más tarde —*en el tiempo que Él disponga*—. Cuando Él, y sólo Él, considere que es el momento adecuado esos atributos van a comenzar a aparecer.

Todas las cosas que acabo de mencionar, y muchas más, son como nuevos brotes que surgen de este pequeño árbol de la oración espiritual. ¿Abandonarías un arbusto tan pequeño, sólo porque parece estar seco, y porque no hay mucho fruto en él, o porque sus brotes parecen muy pequeños y porque parece que nunca vas a poder recoger nada de él? Amado, sé constante; persevera. Esto será de provecho para tu alma.

—MOLINOS

EL SOSIEGO

Recuerda que es el *sosiego* lo que vas a usar para repeler los pensamientos errantes y las tentaciones.

Cuando vayas a orar, pon todo tu ser en las manos de Dios, y hazlo con resignación perfecta y con un acto de fe. Cree que te hallas en su presencia, y permanece allí calladamente. Y, como ya he dicho, con sosiego.

(¿Te agitas porque tu mente anda errante? ¿Es esto evidencia de una vida totalmente puesta en sus manos, que acepta de esas manos todas las cosas?)

Te voy a dar un ejemplo. Si le has dado una joya valiosa a un gran amigo, una vez que se la has entregado no es necesario que le repitas: "Te entrego esta joya, te entrego esta joya". Todo lo que necesitas hacer es dejar que él se quede con ella. No se la quites. Está claro que si no se la quitas, es seguro que se la has entregado.

No te esfuerces por recordarle constantemente al Señor tu entrega y tu resignación con respecto a Él. Le has entregado la joya; no se la quites.

Y, ¿cómo se la estarías quitando?

El camino interior

Sólo cometiendo alguna falta importante contra su divina voluntad.

El simple asunto de prepararte para entrar a la presencia del Señor exige una gran preparación. Despierta tus sentidos más vivos con respecto a lo que estás haciendo.

Ten siempre delante de ti esta sencilla realidad, para que tu respuesta en Dios permanezca en paz.

—MOLINOS

DOS CLASES DE HOMBRES ESPIRITUALES

Hay dos clases de hombres espirituales. Y son contrarios entre sí.

Unos nos dicen que siempre debemos mantenernos meditando en los misterios y los sufrimientos de Cristo. Los otros, en el extremo opuesto, nos dicen que la única oración verdadera es una cuestión interna, ofrecida en la tranquilidad y el silencio; un *centrarse* en la exaltación y divinidad suprema de Dios.

Veamos al Señor. Él dijo: "YO SOY el camino, y la verdad, y la VIDA". Antes que alguien pueda entrar en la presencia de la divinidad, necesita ser lavado con la preciosa sangre del Redentor… de aquí que estamos seguros de que *no* debemos echar a un lado la redención del Señor. Pero tampoco le debemos decir a un creyente que ha aprendido algo sobre vivir dentro de su espíritu, que siempre debe estar razonando, meditando y pensando en los sufrimientos y la muerte del Señor.

Mientras la oración externa alimente y beneficie, el creyente debe seguir esa oración externa. Sólo cuando se capta que hay un anhelo de algo más en el corazón, es cuando se debe pensar en el peregrinaje hacia la vía interior. Sólo el Señor nos puede tomar de la una a la otra. San Pablo, al escribirles a los Colosenses, los exhortó, y con ellos a nosotros, para que cuando hagamos, ya sea de palabra o de obra, lo hagamos en el nombre de Jesucristo y por Él. Quiera Dios concedernos que tú y yo, en Él y sólo por medio de Él, lleguemos a ese estado que es el que más le agrada.

—MOLINOS

TRES CLASES DE SILENCIO

Hay tres clases de silencio: el silencio de las palabras, el silencio de los apetitos y el silencio de los pensamientos.

El primero es perfecto. El segundo es más perfecto aún, y el tercero es el más perfecto de todos.

En el primero, el silencio de las palabras, se adquiere virtud. En el segundo, el silencio de los apetitos, se obtiene la tranquilidad, y en el tercero, el silencio de los pensamientos... *ésta* es la meta: recoger internamente todos tus sentidos. Llegar al silencio de los pensamientos es llegar al centro de tu ser, donde habita Cristo, y permanecer en él.

Al no hablar, desear ni razonar, alcanzamos el lugar centrar del camino interno; ese lugar donde Dios le habla a nuestro hombre interior. Es allí donde Dios se comunica a nuestro espíritu, y allí, en las profundidades más internas de nuestro ser, es donde se nos enseña a sí mismo. Él nos guía a este lugar donde sólo Él habla lo más secreto y escondido de su corazón. Tienes que entrar en esto a través de todo el silencio, si quieres oír la Voz divina que habla dentro de ti.

El abandono del mundo no va a lograr esto. Tampoco la renuncia a tus apetitos. No; ni siquiera si renunciaras a todas las cosas creadas.

Entonces, ¿qué?

Sólo se halla reposo en este silencio triple… sólo ante una puerta abierta, donde Dios se pueda comunicar contigo. Es en ese lugar donde Él te transforma en sí mismo.

—Molinos

La espiritualidad interna y la externa

Hay dos clases de personas espirituales: las que son internamente espirituales y las que son externamente espirituales. Quienes son espirituales en el exterior, buscan a Dios a base de razonar, de las cosas que se imaginan, de largos períodos de reflexión en los cuales recorren muchas avenidas del pensamiento.

Estas personas soportan el dolor para obtener virtud. Se deleitan en hablar acerca de Dios. Se deleitan en ser muy ardientes en el amor, e incluso en ser hábiles en la oración. Están tratando de obtener la grandeza a base de hacer cosas. Creen que Dios permanece cerca de ellos sólo cuando ellos *hacen* las cosas antes mencionadas.

¿Qué es esto?

¡El camino de los principiantes! La experiencia ha demostrado que muchos creyentes, aun después de cincuenta años de estos ejercicios externos, están vacíos de Dios. También están llenos de sí mismos, y no tienen nada del verdadero hombre espiritual, con excepción del nombre.

Pero hay otro hombre espiritual, el que ha ido más allá de los comienzos y camina hacia la vía interior. Estos creyentes se retiran a las partes más internas de su espíritu, y allí toman todo lo que tiene que ver con ellos mismos para ponerlo en las manos de Dios. Lo han olvidado todo, y se han despojado de todo. Y no sólo de las *cosas*, sino también de *ellos mismos*.

Con el rostro y el alma en alto, entran a la presencia de su Señor. Entran por fe. Llegan allí sin imaginarse cómo es Dios, ni formarse algún tipo de imagen de Él. Entran a Él con seguridad; una seguridad que se halla en el sosiego y en el descanso interior. Llegan, habiendo reunido toda su conciencia y centrado todo su ser en un solo lugar: en Él.

Puedes estar seguro de que estas personas también han pasado por grandes tribulaciones, y todas esas tribulaciones les han acaecido, porque la mano de Dios lo había dispuesto así.

En todo se han negado a sí mismos.

Cierto; aún están sujetos a las tentaciones, pero de las tentaciones y las tribulaciones proceden unas ganancias infinitas. Es Dios quien pelea la batalla desde dentro de ellos.

No hay noticia que los haga sentir un regocijo superabundante, ni noticia que los llene de tristeza tampoco.

Las tribulaciones no les pueden destrozar los nervios; sin embargo, tienen un santo temor ante el Señor, y sólo se apoyan en su comunión de corazón con Él.

Los que buscan al Señor *externamente*, tienen que *hacer* siempre algo… mortificación externa, esfuerzos por destruir ciertas debilidades, batallas con los apetitos, o adquisición de conocimientos espirituales, información bíblica, etc. Pero cualesquiera que sean los esfuerzos externos que empleemos para conocer a Dios, éstos van a producir poco o nada. No podemos hacer nada por nosotros mismos. Esto es, nada con la excepción de cosas muy desdichadas.

Pero, ¿qué decir de la vía *interna*? La vía interna es un centrar de todo el ser de una manera amorosa en la presencia divina. Allí opera *el Señor*. Es Él quien establece la virtud; es Él quien elimina los apetitos; es Él quien destruye las imperfecciones.

El creyente ha entrado en las recámaras de su espíritu, y allí vive en espíritu sin esos grandes esfuerzos y batallas. Se encuentra libre. Liberado de tantas cosas de las cuales la vía exterior sencillamente nunca lo podrá librar.

—MOLINOS

LA PURIFICACIÓN DEL ALMA

El alma se puede purificar de dos formas. La primera utiliza la aflicción, la angustia, el sufrimiento y el tormento interno. La segunda utiliza el fuego de un ardiente amor; un amor que es impaciente y siente hambre.

Es cierto que algunas veces el Señor usa ambas formas para tratar con nuestra alma. *Toda* revelación y comprensión acerca de Dios, todo conocimiento experimental verdadero de Dios, *surge del sufrimiento*, que es la prueba más genuina de amor.

Oh, cuánto espero y deseo que puedas comprender el gran bien que procede de las tribulaciones. Las tribulaciones purifican el alma. La purificación del alma por medio de las tribulaciones es lo que produce la paciencia.

En medio de la tribulación se puede producir la oración ardiente.

En medio de la tribulación podemos ejercer los actos más sublimes de amor y caridad. El regocijarnos en medio de las tribulaciones nos acerca a Dios. Son las tribulaciones las que aniquilan y refinan. Son aquello que toma lo terrenal y lo transforma en lo celestial. De lo humano, sacan lo divino… transformando al uno y llevándolo al otro, uniéndolos ambos con el Señor.

Oh, cristiano, si quisieras conocer la forma de ser *constante* en medio del fuego de las tribulaciones, y *callado* en medio del fuego de las tribulaciones, y ser lavado con las aguas de la aflicción, entonces descubrirías con cuánta prontitud la bondad divina haría su trono en tu alma. Allí, en esa buena habitación, Dios podría refrescarse y solazarse.

—MOLINOS

LA SOLEDAD

Hay dos clases de soledad. Hay una soledad externa en la que sencillamente no hablamos, o hablamos poco.

También hay una soledad interna. La soledad interna significa olvidarnos de todo lo que nos rodea, someter todo propósito, apetito, pensamiento y voluntad, y *entonces*, presentarnos ante el Señor. Ésta es la verdadera soledad. Vas a hallar en ella dulce descanso y serenidad interna… que se encuentran en los brazos de tu Señor. El creyente que es capaz de permanecer en un lugar así ante su Señor, va a hacer una gran cantidad de descubrimientos.

Para el creyente que llega hasta aquí, existe el descubrimiento de que el Señor conversa con el creyente y se comunica con él en sus regiones interiores. En *ese* lugar es donde el Señor llena al creyente de Él mismo… pero lo llena sólo porque está *vacío*; lo viste de luz y de amor, porque está desnudo, lo levanta porque se ha humillado, y lo une con Dios y lo transforma, porque está solo.

Veo esta soledad con Dios como una figura de la bienaventuranza eterna; una imagen de ese tiempo futuro en el cual contemplaremos para siempre al Padre eterno.
—MOLINOS

LAS SEÑALES DEL HOMBRE INTERIOR

Hay cuatro señales por las cuales puedes conocer al hombre interior.

La primera tiene que ver con la voluntad y el pensamiento. La voluntad está adiestrada para no involucrarse en acto de amor alguno, más que aquél que es hacia Dios, o le pertenece a Dios y a sus propósitos.

En segundo lugar, cuando se terminan las tareas externas, los pensamientos y la voluntad del creyente vuelven rápidamente hacia Dios.

En tercer lugar, si el creyente entra en oración, olvida todas las demás cosas, como si nunca las hubiera visto o conocido.

En cuarto lugar, mientras que el creyente una vez temió al mundo, ahora teme hasta las cosas externas de su propia naturaleza en el mismo grado en que una vez temió al mundo. Por tanto, aleja de sí, no sólo al mundo, sino a las cosas externas, con la excepción de los casos en los cuales la caridad exige una actuación externa.

Por último, el creyente que permanece dentro de la

parte más interior de su ser (dentro de su espíritu) vive en una paz inquebrantable. Por supuesto, que puede haber combates externos, pero la paz no es posible quebrantarla. Hay una distancia infinita entre ese lugar interior y la tempestad exterior; las cosas externas, sencillamente no pueden alcanzar este lugar celestial. El creyente se puede hallar a sí mismo hasta abandonado, hostilizado y desolado, pero ese tipo de tormenta sólo lo puede amenazar y rugir por fuera. No tienen poder dentro de él.

—Molinos

LAS PROFUNDIDADES, INCLUSO PARA LOS IGNORANTES

Me gustaría dirigir este capítulo a aquéllos de ustedes que tal vez no puedan leer.[1] Por no poder leer, tal vez sientan que se hallan en un estado de mayor debilidad que la mayoría de los cristianos, tal vez sientan que no están calificados para conocer las profundidades de su Señor. Pero de hecho, en realidad son bendecidos. La bendición que hay en no poder leer, es que la oración se puede convertir en su lectura. ¿Acaso no saben que el mayor de los libros es el propio *Jesucristo*? Él es un libro que ha sido escrito por dentro y por fuera. Él es quien les va a enseñar todas las cosas. ¡Léanlo!

La primera cosa que necesitas aprender, querido amigo, es que "el reino de Dios dentro de ti está" (Lucas 17:21b).

Nunca busques el Reino en ningún lugar más que *allí*, dentro de ti. Una vez que te hayas dado cuenta de que el

El camino interior

Reino de Dios está dentro de ti y se puede encontrar allí, sólo tendrás que venir al Señor.

Cuando vengas, ven con un profundo sentimiento de *amor*; ven a Él muy *delicadamente*; ven a Él con un profundo sentimiento de *adoración*. Cuando vengas a Él, reconoce con humildad que Él lo es todo. Confiésale que tú no eres nada.

Cierra los ojos a todo lo que te rodea; comienza a abrir los ojos interiores de tu alma, volviendo esos ojos hacia tu espíritu. En pocas palabras, pon toda tu atención a las profundas partes más interiores de tu ser.

Sólo necesitas creer que Dios habita en ti. Esta creencia, y sólo ella, te va a llevar a su santa presencia. No permitas que tu mente ande errante, sino mantenla en sumisión tanto como te sea posible.

Una vez que estés en la presencia del Señor, permanece tranquilo y callado ante Él.

Y ahora, allí en su presencia, comienza a repetir el padre nuestro. Comienza con la palabra "Padre". Cuando lo hagas, deja que todo el significado de esa palabra te toque profundamente el corazón. Cree que el Dios que vive dentro de ti está ciertamente dispuesto a ser tu Padre. Derrama tu corazón hacia Él, como un niño pequeño derrama el suyo hacia su padre. *Nunca* dudes del profundo amor que te tiene tu Señor. *Nunca* dudes de su deseo de escucharte. Llámalo por su nombre, y permanece ante Él en silencio por un instante. Mantente allí, esperando a que Él te dé a conocer su corazón.

Cuando acudas a Él, acércate como un niño débil, alguien que está totalmente manchado y lleno de golpes; un niño que está herido por haberse caído una y otra vez. Acude al Señor como alguien que no tiene fortaleza propia; acude a Él como alguien que no tiene poder para purificarse a sí mismo. Pon tu lastimoso estado humildemente ante la mirada de tu Padre.

—MME. GUYON

MEDITA SOBRE EL PADRE NUESTRO

Mientras esperas allí ante Él, de vez en cuando di una palabra de amor dirigida a Él, y una palabra de dolor por tu pecado. Entonces, limítate a esperar por un tiempo. Después de esperar, vas a sentir cuándo ha llegado el momento de seguir; cuando llegue ese momento, sólo tienes que continuar con el padre nuestro.

Cuando digas las palabras "Venga tu Reino", clama a tu Señor, el Rey de la gloria, para que reine en ti.

Entrégate por completo a Dios. Entrégate a Dios de manera que Él pueda hacer en tu corazón lo que por tanto tiempo has tratado de hacer y has fracasado.

Reconoce ante Él el derecho que tiene para dominar sobre ti.

En algún punto de este encuentro con tu Señor, vas a sentir en lo más profundo de tu espíritu que es hora de limitarte a permanecer en silencio ante Él. Cuando sientas esto, no pases a la palabra siguiente; no lo hagas mientras continúes sintiendo esto. Verás: es el Señor mismo quien te está pidiendo que mantengas silencio. Cuando haya pasado esa sensación de esperar ante Él, sigue de nuevo a las palabras siguientes del padre nuestro.

"Hágase tu voluntad, como en el cielo, así también en la tierra."

El camino interior

Al orar con estas palabras, humíllate delante del Señor, pidiéndole con ardor que realice toda su voluntad en ti y por medio de ti. Ponle tu corazón en sus manos. Pon tu libertad en sus manos. Entrégale a tu Señor su derecho a hacer contigo como le plazca.

¿Sabes cuál es la voluntad de Dios?

Su voluntad es que sus hijos lo amen. Por tanto, cuando oras diciendo: "Señor, hágase tu voluntad", en realidad le estás pidiendo al Señor que te permita amarlo. Así que comienza a *amarlo*. Y cuando lo hagas, suplícale que te dé su amor.

Todo lo que te acabo de describir se va a producir de una forma muy dulce, y de una manera muy pacífica, a lo largo de toda la oración.

—MME. GUYON

EL SEGUNDO NIVEL

Después de haber dejado atrás estas palabras, miremos este nuevo nivel de oración.

En primer lugar, entra en la presencia del Señor por fe. Cuando estés allí ante Él, sigue volviéndote hacia dentro, hacia tu espíritu, hasta que tu mente esté recogida y estés perfectamente quieto ante Él. Ahora, cuando toda tu atención quede finalmente vuelta hacia tu interior, y tu mente esté fija en el Señor. Limítate a permanecer callado ante Él por un momento.

Tal vez comiences a disfrutar la sensación de la presencia del Señor. Si es éste el caso, *no trates de pensar en nada*. No trates de *decir* nada. No trates de *hacer* nada. Mientras continúe esa sensación de la presencia de Dios, *limítate a permanecer allí.* Permanece ante Él tal como estás.

Ese estar consciente de su presencia finalmente comenzará a disminuir. Cuando esto suceda, pronuncia unas cuantas palabras de amor al Señor, o sencillamente, invoca su nombre. Hazlo callada y delicadamente, con un corazón lleno de fe. Al hacerlo, una vez más serás devuelto a la dulzura de su presencia. Vas a descubrir que una vez más regresas a ese dulce lugar de disfrute total que acabas de experimentar. Una vez que la dulzura de su presencia ha vuelto a su punto más alto, quédate quieto *de nuevo* ante Él.

No debes tratar de moverte mientras Él se halle cercano.

¿Cuál es la idea? La idea es ésta: Hay un fuego dentro de ti que disminuye y crece. Ese fuego, cuando disminuye, hay que soplarlo delicadamente, pero *sólo* delicadamente. Tan pronto como ese fuego comience a arder, *cesa de nuevo en todos* tus esfuerzos. De no hacerlo así, podrías apagar la llama.

Entonces, éste es el segundo nivel de oración: un segundo nivel en cuanto a experimentar a Jesucristo.

Cuando hayas llegado al final de este tiempo, permanece siempre allí ante el Señor, callado, por un poco más de tiempo. También es muy importante que hagas toda tu oración con un corazón creyente. Orar con un corazón creyente es más importante que *cualquier otra cosa* que tenga que ver con la oración.

—MME. GUYON

El camino interior

LOS PERÍODOS DE ARIDEZ

Amado lector, debes darte cuenta de que Dios sólo tiene un anhelo. Puedes estar seguro de que nunca vas a comprender una sequía, a menos que comprendas cuál es ese anhelo suyo. Su anhelo es darse a sí mismo al alma que lo ame realmente, y al alma que lo busque ardientemente. *Con todo*, es cierto que ese Dios que anhela entregarse a ti, se va a esconder muchas veces de ti; de ti, el mismo que lo busca.

Ahora bien, ¿por qué iba Dios a hacer eso? Amado santo de Dios, debes aprender los caminos de tu Señor. Tu Dios es un Dios que se esconde con frecuencia. Se esconde con un propósito. ¿Cuál? *Su propósito es despertarte de la pereza espiritual.* Su propósito al separarse de ti, es hacer que lo persigas.

El Señor Jesús anda buscando por todas partes a ese cristiano que quiere permanecer fiel y lleno de amor, aun cuando Él se le haya retirado. Si el Señor encuentra un alma que sea así de fiel, cuando regresa, recompensa la fidelidad de su hijo. Derrama sobre ese hombre fiel una bondad abundante y las tiernas caricias de su amor.

Entonces, aquí hay algo que necesitas comprender.

Vas a tener momentos de sequía espiritual. Forma parte del camino del Señor.

Pero el hecho de que vayas a tener temporadas de sequía espiritual no es lo que importa. La cuestión importante aquí es lo que vas a hacer en esa temporada de sequía espiritual. En este punto, necesitas aprender algo acerca de tus tendencias naturales. Durante una temporada de sequía, lo natural en ti va a ser tratar de *demostrarle* tu amor al Señor. Durante una estación de sequía espiritual, vas a descubrir que le vas a tratar de demostrar al Señor tu fidelidad hacia Él; lo vas a hacer a base de ejercer tu propia fuerza. Inconscientemente, vas a esperar que esos esfuerzos tuyos lo persuadan a Él para que regrese con mayor rapidez.

No, amado cristiano; créeme. No es ésa la forma de responderle a tu Señor en las temporadas de sequía.

Entonces, ¿qué debes hacer?

Debes esperar el regreso de tu Amado con un *amor paciente*. Une a ese amor la *negación de ti mismo* y la *humillación*. Aunque el Señor se haya escondido, permanece constantemente ante Él. Allí, ante Él, derrama tu amor sobre Él con pasión y sin embargo, debo añadir, siempre pacíficamente.

Pasas tu tiempo con Él en adoración y en un respetuoso silencio.

—MME. GUYON

VIVIR EN EL INTERIOR

¿Cómo podemos hablar de una victoria total sobre los cinco sentidos y sobre las pasiones y los apetitos que se despiertan por medio de ellos?

Si tu cuerpo estuviera muerto, no podrías sentir, y ciertamente, no tendrías apetitos. Pero, ¿por qué? ¿Por qué no tendría apetitos el cuerpo? Porque estaría desconectado del alma. Así que lo repito: tus sentimientos y tus sentidos derivan su poder del alma.

Los cristianos han tratado de hallar muchas formas de superar sus apetitos. Tal vez el enfoque más corriente haya sido la disciplina y la negación de sí mismo. Pero por fuerte que sea tu negación de ti mismo, nunca va a vencer por completo a tus sentidos.

No; la negación de sí mismo no es la respuesta.

Aunque parezca haber funcionado, lo que la negación de sí mismo ha hecho en realidad es cambiar sólo la *expresión externa* de esos apetitos.

Cuando te centras en lo externo, lo que estás haciendo en realidad es llevando a tu alma más afuera aún de tu espíritu. Mientras más se enfoque tu alma en esas cosas externas, más lejos estará de su centro y de su lugar de reposo. El resultado de este tipo de negación de sí es lo opuesto de lo que buscabas. Lamentablemente, esto es lo que le sucede siempre a un creyente cuando vive sólo en la superficie.

Si te mantienes centrado en los apetitos de tu naturaleza externa —prestándoles atención—, ellos a su vez se van a volver cada vez más activos. En lugar de quedar sometidos, van a ganar más poder. En todo esto podemos llegar a la conclusión de que, a pesar de que la negación de sí mismo pueda debilitar realmente al cuerpo, *nunca* se va a poder llevar las ansias de nuestros sentidos.

Entonces, ¿cuál es tu esperanza?

Sólo hay una forma de vencer a tus cinco sentidos, y es recogerte hacia dentro. O, por decirlo de otra forma, la única forma de dominar a tus cinco sentidos es volviendo tu alma totalmente hacia dentro, hacia tu espíritu, para poseer allí a un Dios *presente*. Tu alma debe volver toda su atención y sus energías hacia dentro; no hacia fuera. Hacia dentro, hacia Cristo, y no hacia fuera, a los sentidos. Cuando tu alma quede vuelta hacia dentro, se *separará* realmente de tus sentidos externos, y una vez que tus cinco sentidos queden separados de tu alma, no van a recibir más atención. Se les ha cortado lo que les da vida.

Quedan impotentes.

Sigamos ahora el curso del alma. Tu alma ha aprendido en este punto a volverse hacia dentro y acercarse a la presencia de Dios. El alma se separa cada vez más del propio yo. Tal vez experimentes el sentirte poderosamente arrastrado hacia dentro —para buscar a Dios en tu espíritu— y descubras que el hombre exterior se vuelve muy débil. (Hay incluso quienes tienen tendencia a desmayarse).

Por tanto, tu principal preocupación es la presencia de Jesucristo. Tu principal preocupación se halla en permanecer continuamente con el Dios que está dentro de ti. Entonces, sin pensar directamente en la negación de ti mismo, ni en "apartar las obras de la carne", Dios va a hacer que experimentes un sometimiento natural de la carne. Puedes estar seguro de esto: el cristiano que se haya abandonado fielmente al Señor, va a descubrir muy pronto que también ha entrado en contacto con un Dios que no va a descansar hasta que *Él* lo haya sometido todo. Tu Señor va a traer la muerte sobre todo lo que falta por matar en tu vida.

Entonces, ¿qué se requiere de ti? Todo lo que necesitas hacer es permanecer firme en darle toda tu atención a Dios. Él es quien va a hacer todas las cosas a la perfección. Lo cierto es que no todos somos capaces de una fuerte negación externa de sí mismo, pero *todos* sí somos capaces de volvernos hacia dentro y abandonarnos por completo en las manos de Dios.

—MME. GUYON

94

El camino interior

Hacia el centro

Cuando entres en este nivel más profundo del conocimiento del Señor, terminarás descubriendo un principio al que voy a llamar la *ley de la tendencia central*.

¿Qué quiero decir cuando hablo de la ley de la tendencia central? Mientras sigas sosteniendo tu alma en lo profundo de tu interior, vas a descubrir que Dios tiene la cualidad de ejercer una atracción de tipo *magnético*. Tu Dios es como un imán. El Señor por naturaleza te atrae cada vez más a sí mismo.

Lo siguiente que vas a observar es esto: A medida que te mueves hacia el centro, el Señor también te *purifica* de todas las cosas que no son de Él.

Esto está ilustrado en la naturaleza. Observa el océano. El agua del océano se comienza a evaporar. Entonces, el vapor comienza a moverse hacia el sol. Cuando el vapor sale de la tierra, está lleno de impureza; sin embargo, cuando asciende, se va refinando y purificando cada vez más.

¿Qué hizo ese vapor?

El vapor no hizo nada. Se limitó a *permanecer pasivo*. La purificación se produjo a medida que el vapor era llevado al cielo.

Hay una diferencia entre tu alma y esos vapores. Aunque el vapor *sólo* puede ser pasivo, tú tienes el privilegio de colaborar *voluntariamente* con el Señor cuando Él te arrastra internamente hacia sí.

Cuando tu alma se vuelva una vez hacia Dios —el Dios que habita dentro de tu espíritu— te va a ser fácil seguir volviéndote hacia dentro. Mientras más tiempo sigas volviéndote hacia dentro, más cerca de Dios vas a llegar, y con mayor firmeza te vas a aferrar a Él.

Por supuesto, mientras más cerca de Dios llegues, más lejos quedas de las actividades de tu hombre natural. Seguro; el hombre natural es muy opuesto a tu acercarte internamente a Dios. No obstante, va a llegar un punto en el cual estés finalmente establecido en cuanto a volverte hacia dentro. A partir de ese punto, te va a ser natural vivir ante el Señor. En el pasado, te era natural vivir en la *superficie* de tu ser; ahora, vas a tener el hábito de vivir en el *centro* de tu ser; allí donde habita tu Señor.

—MME. GUYON

EL SILENCIO

El punto al que nos ha llevado esta empresa es un *estado de silencio* y de *oración continua*.

Regresemos un poco para ver más de cerca esta cuestión del silencio. Por ejemplo, ¿por qué es tan importante que te mantengas en silencio ante el Señor cuando llegues ante su presencia? En primer lugar, lo es porque tu naturaleza caída es opuesta a la naturaleza de Dios. Las dos no tienen nada en común. En segundo lugar, Jesucristo es la Palabra, la Palabra que *habla*. Él puede hablar. Es posible oírlo. Pero para que recibas la Palabra (Jesucristo), es necesario hacer que *tu* naturaleza corresponda a la suya.

Permíteme ilustrar esto algo más.

Piensa en el acto de oír. El oído es un sentido *pasivo*. Si alguna vez quieres oír algo, le debes ceder un oído pasivo.

Jesucristo es la Palabra eterna. Él, y sólo Él, es la fuente de nueva vida para usted. Y para que tengas nueva vida, es necesario que Él te sea comunicado. Él puede hablar. Se puede comunicar. Puede impartir vida nueva. Y cuando te quiere hablar, exige que le prestes la atención más intensa posible a su voz.

Ahora puedes ver por qué las Escrituras te exhortan con tanta frecuencia a escuchar; a estar atento a la voz de Dios.

Estad atentos a mí, pueblo mío, y oídme, nación mía (Isaías 51:4a).

Oídme... los que sois traídos por mí desde el vientre, los que sois llevados desde la matriz. (Lee Isaías 46:3).

Oye, hija, y mira, e inclina tu oído; olvida tu pueblo, y la casa de tu padre; y deseará el rey tu hermosura. (Lee el Salmo 45:10-11a).

He aquí la forma de comenzar a adquirir este hábito del silencio. En primer lugar, olvídate de ti mismo. Es decir, deja a un lado todo tu interés en tu propia persona.

En segundo lugar, escucha atentamente a Dios.

Estas dos sencillas acciones van a comenzar a producir gradualmente en ti un amor por esa belleza que *es* el Señor Jesús. Esa belleza es forjada en ti *por* Él.

Una cosa más. Trata de hallar un lugar tranquilo. El silencio exterior desarrolla el interior; y el silencio interior mejora el interior cuando éste comienza a echar raíces en tu vida.

Es imposible que te vuelvas realmente hacia dentro; esto es, que vivas en tu ser más interior, allí donde vive Cristo, sin amar el silencio y la soledad.

Oseas lo expresó muy bien:

Pero he aquí que yo la atraeré y la llevaré al desierto, y hablaré a su corazón, (Lee Oseas 2:14).

Debes estar completamente ocupado con Dios en tu interior. Por supuesto, eso es imposible si a la misma vez te ocupas exteriormente con miles de cosas.

El Señor esta *en el* centro de tu ser, por lo tanto, Él debe *ser* el centro de tu ser.

¿Qué debes hacer cuando te apartas de este Dios quién es tu centro? No importa que te aleje o distraiga — sea debilidad o falta de fe — tienes que enfocarte hacia tu interior otra vez y de inmediato.

Debes estar preparado para enfocarte hacia tu interior una y otra vez, no importa cuantas veces seas distraído. Debes estar preparado para retornar cada vez que ocurra una distracción.

No es suficiente enfocar el interior hacia el Señor una o dos horas al día. Hay poco valor en enfocarse hacia el Señor si eso no resulta en una unción y un espíritu de oración que continúen contigo todo el día.

—MME. GUYON

LAS ESCRITURAS

Hablemos primero de las Escrituras. ¿Hay algún uso más profundo que se les pueda dar a las Escrituras, aparte de los mencionados hasta el momento?

Te ruego que recuerdes lo que dije en un capítulo anterior: la lectura de las Escrituras es un camino para *entrar* en la oración. Recuerda también que lo que *lees* se puede convertir en *oración*. ¿Hay algo más que las Escrituras nos puedan proporcionar? Sí; se pueden usar de una forma más refinada que la mencionada anteriormente. Meditemos en esa forma. Te haré una descripción breve y práctica.

Primero, llega a la presencia del Señor y comienza a leer. Deja de leer tan pronto como sientas que eres lla-

El camino interior

mado hacia tu interior. Deja de leer cuando sientas que el Señor te está llamando hacia sí en tu interior. Luego, limítate a mantenerte en silencio. Permanece así por un tiempo. Entonces, al cabo de un momento, sigue leyendo, pero lee sólo un poco. Siempre deja de leer cuando sientas que una atracción de origen divino te está llamando más profundamente hacia tu interior.

¿Qué puedes esperar más allá de este estado?

De vez en cuando vas a *comenzar* a entrar en contacto con *un estado de silencio interior*. ¿Cómo debes reaccionar ante una experiencia así? Una de las cosas que debes hacer es ésta: No te sigas cargando con la oración hablada. (En esos momentos, orar en voz alta, o de cualquier forma convencional, sólo serviría para alejarte de una experiencia interior y regresar a una oración exterior y superficial).

Te vas a sentir *atraído* al silencio, así que no hay razón alguna para que sientas obligación de hablar.

Ahora bien, si no hablas, *¿qué* debes hacer? ¡Nada! Limítate a ceder ante ese llamado hacia tu interior. Debes ceder ante el llamado de tu espíritu, el cual te está llamando más profundamente hacia el interior.

Una última palabra.

En toda tu experiencia con Cristo, lo más sabio es que te mantengas alejado de toda forma establecida, de todo molde o camino hecho. En lugar de esto, *entrégate por completo al Espíritu Santo para que Él te guíe.*

Cuando sigas a tu espíritu, todo encuentro que tengas con el Señor va a ser *perfecto*... sea como fuere la forma que tome ese encuentro.

—MME. GUYON

¿PETICIONES DE ORACIÓN?

A medida que sigas adelante en esta empresa con Cristo —esta empresa que comenzó como una sencilla forma de oración—, es posible que te esté esperando otra experiencia más. Es ésta: No te sorprendas demasiado si encuentras que ya no puedes hacer oraciones de petición.

Tal vez halles que las oraciones de *petición* se te vuelvan más difíciles. Sí, es cierto que en el pasado presentabas tus peticiones y solicitudes con toda facilidad. Hasta ahora, orar de esta forma nunca te fue difícil. Pero en esta nueva relación con tu Señor, es el Espíritu quien ora. Y cuando el Espíritu ora, es *Él* quien ayuda a tu debilidad. *Él* está intercediendo por ti. Y *Él* está orando de acuerdo con la voluntad de Dios.

Pues qué hemos de pedir como conviene, no lo sabemos, pero el Espíritu mismo intercede por nosotros con gemidos indecibles. (Lee Romanos 8:26).

Existe tu voluntad, y existe la voluntad de Dios. Existe tu plan, y existe el plan de Dios. Existe tu oración, y existe la oración de *Él.* Tú eres el que debes estar de acuerdo con *sus* planes. Él toma de ti todos tus esfuerzos, para poderlos sustituir con los *suyos.*

Por tanto, cede.

Deja que Dios haga en ti lo que Él quiera.

En sus oraciones, que es *Él* quien las hace, también está su voluntad. Deja que sea *Él* quien ore. Deja de lado tus propias oraciones; deja de lado tus propios deseos y tus propias peticiones. Sí, tú tienes una voluntad; sí, tienes deseos y peticiones. No obstante, deja que sea Él quien tenga la voluntad, el deseo que hay en las oraciones que *Él* hace.

Pero esta relación va más profundo aún.

Para que Dios tenga lo que se halla en su oración, tú, el que oras, debes dejar de lado tu apego a todo. Eso significa que debes llevar una vida *en la cual no quieras nada.* No te apegues a nada, por bueno que sea o parezca ser.

—MME. GUYON

CONSUMIDA

Si te dijera que uno de los grandes elementos de la oración es una profunda adoración interior, estoy segura de que estarías de acuerdo. Ambos estaríamos de acuerdo en que sin una adoración profunda e interior al Señor, sencillamente no tendríamos una oración genuina. Por necesidad, la oración *real* tiene la adoración como elemento central.

Pero hay otro elemento de la oración, igualmente central, igualmente esencial que la adoración. Y es aquí mismo donde llegamos a la cuestión central entre el ser humano y Dios; por otra parte, sin este elemento no hay una oración real; sin él no es posible sumergirse en las profundidades mismas de Jesucristo. Sin este elemento no hay oración real, no hay entrada a las profundidades de Cristo y no hay manera de que Dios te pueda llevar a los fines que tiene planeados para ti.

Y, ¿cuál es este aspecto de la oración?

El *abandono de sí mismo* es una parte necesaria de la oración y del experimentar las profundidades de Jesucristo.

(O sea, que una vez más hemos dado un paso más allá de la oración. La oración real exige del que ora que se abandone a sí mismo por completo. Además, el anhelo de Dios es que se llegue a encontrar en ese estado en *todo* momento).

Es el apóstol Juan el que habla de la *oración* como incienso; un incienso cuyo humo asciende a Dios y es recibido por Él.

Y se le dio mucho incienso para añadirlo a las oraciones de todos los santos. (Lee Apocalipsis 8:3).

Cuando te acerques al Señor, derrama por completo tu corazón en la presencia de Dios. La oración *es* el derramamiento de tu corazón ante Él. "He derramado mi alma delante de Jehová", dijo Ana, la madre de Samuel (1 Samuel 1:15). Este derramamiento es un incienso, y ese incienso es una entrega total de tu ser a Él.

El incienso que ofrecieron los magos, puesto a los pies de Cristo en el establo de Belén es una imagen de la oración derramada ante Él.

¿Qué es la oración? La oración es el calor cierto del amor. Ah, pero es más. Orar es como derretirse. La oración es un disolver y levantar el alma. Este calor del amor, este derretirse, este disolverse y levantarse, hace que el alma ascienda hasta Dios.

Cuando el alma se derrite, comienzan a ascender de ella dulces fragancias. Estas fragancias se derraman desde un consumidor fuego de amor... y ese amor está en ti. Es un consumidor fuego de amor en tu ser más interior; un fuego de amor a Dios.

—MME. GUYON

EL ASCENSO HASTA DIOS

Ahora tenemos que hacer la pregunta central: ¿Cómo asciende el alma hasta Dios?

El alma asciende hasta Dios abandonando su yo;

abandonándolo al poder destructor del amor divino. Sí, abandonándose al poder aniquilador del amor divino.

Este abandono del yo es esencial, absolutamente esencial, para que te puedas sumergir en las profundidades de Jesucristo, experimentarlas y permanecer continuamente en ellas. Sólo por medio de la destrucción y la aniquilación del yo, le podrás rendir homenaje a la soberanía de Dios.

Como ves, El poder del Señor es grande, y sólo lo honra el humilde. (Libros apócrifos).

Veamos si podemos comprender esto con una claridad un poco mayor.

Por medio de la destrucción total del yo, es como reconoces la existencia suprema de Dios.

Debe llegar la hora en que *tú* ceses *por completo de vivir* en la esfera del yo. Debes *cesar de existir en el yo*, para que el Espíritu de la Palabra eterna pueda existir en ti.

Al abandonar tu propia vida, estás abriendo el camino para su venida. Y en tu muerte es en la que *Él* vive.

¿Se puede hacer práctico esto? ¡Sí!

Le debes rendir todo tu ser a Jesucristo, dejando de vivir en ti mismo, de manera que Él se pueda convertir en tu vida.

Porque habéis muerto, y vuestra vida está escondida con Cristo en Dios. (Lee Colosenses 3:3).

Entrad en mí todos los que me buscáis ardientemente. (Libros apócrifos).

Pero ¿cómo se puede entrar en Dios? *Abandonando* tu yo para que te puedas perder en Él.

Sólo te puedes perder en Él por la aniquilación de tu yo. Y, ¿qué tiene que ver eso con la oración? La aniquilación del yo es la verdadera oración de adoración. Es una oración que necesitas aprender; aprender en la totalidad de su significado más profundo posible. *Ésta* es la experiencia que le rinde a Dios, y sólo a Dios, toda "la alabanza, la honra, la gloria y el poder, por los siglos de los siglos" (Lee Apocalipsis 5:13).

Esta experiencia, esta oración, es la *oración de realidad.* ¡Ésa es la realidad! La aniquilación es la adoración de Dios en Espíritu y en *realidad* (Lee Juan 4:23).

Toda verdadera adoración es "en espíritu". Para que sea "en espíritu", se aniquila el alma. "En espíritu" entras en la pureza de ese Espíritu que ora dentro de ti; eres alejado de tus propios métodos de oración inventados por el alma y por el hombre. Estás "en la realidad", porque eres puesto en la realidad del *todo* de Dios y la *nada* del ser humano.

—MME. GUYON

SILENCIO: EN LO PROFUNDO

Pasemos ahora al papel que desempeña el silencio en nuestra experiencia progresiva de Cristo, porque el silencio tiene mucho que ver con la posibilidad de experimentar al Señor en un plano más profundo.

En ocasiones, hay quienes han oído hablar de "la oración del silencio" y han llegado a la conclusión de que el papel que debe desempeñar el alma en esta oración es un papel opaco, de mortandad e inactividad. Por supuesto, esto no es así. De hecho, el alma desempeña un papel más alto y extenso que en la oración hablada.

¿Cómo es esto posible?

El alma puede estar activa, y al mismo tiempo, totalmente silenciosa. Esto se debe a que es el Señor mismo quien se ha convertido en el que mueve el alma. El alma actúa en respuesta al mover de *su* Espíritu.

Porque todos los que son guiados por el Espíritu de Dios, éstos son hijos de Dios. (Lee Romanos 8:14).

Por tanto, dedicarse a la "oración del silencio" no significa cesar toda acción. Al contrario; significa que tu alma actúa por el movimiento de tu espíritu.

Tal vez Ezequiel nos pueda ayudar a ver esto. Ezequiel tuvo una visión de unas ruedas. Esas ruedas que vio tenían al Espíritu viviente con ellas. Dondequiera que iba el Espíritu, iban las ruedas. Si el Espíritu permanecía quieto, las ruedas quedaban quietas también. Si el Espíritu ascendía de la tierra a los cielos, las ruedas ascendían tras él.

El Espíritu estaba en esas ruedas, y las ruedas eran movidas por Él. (Lee Ezequiel 1:19-21). El alma es como esas ruedas. Puede estar activa buscando sus propias cosas, o puede esperar; esperar hasta que se agite algo más profundo. Entonces el alma se vuelve como esas ruedas, y sigue al Espíritu dondequiera que éste va. De igual forma, el alma se debe ceder a la guía del Espíritu viviente que tiene dentro. Debe esperar y ser fiel, actuando *sólo* cuando se mueve el Espíritu.

Puedes estar seguro de que el Espíritu *nunca* exaltará a tu propia naturaleza. (el alma, siguiendo sus propias inclinaciones, exalta al yo con mucha frecuencia). ¿Qué hace el Espíritu? El Espíritu se mueve hacia delante, sumergiéndose en busca del fin *definitivo*. Y, ¿cuál es ese fin definitivo? La unión con Dios.

Por tanto, no dejes que el alma haga nada por sí misma en la oración. El alma se debe limitar a seguir al Espíritu, hasta que llegue a su fin definitivo.

Creo que gracias a esta ilustración podrás ver que el alma no cesa de actuar en absoluto. Todo lo que pasa es que su

actuación se halla perfectamente concertada con el Espíritu.
—MME. GUYON

LA ORACIÓN DEL SILENCIO

Pasemos ahora a pensar la "oración del silencio" de una forma práctica. ¿Cómo comienzas a experimentar al Señor en una actitud de silencio?

Verás. Cuando tu alma está activa por su cuenta —es decir, activa fuera de la actividad del espíritu—, entonces por su propia naturaleza, su actividad es forzada y tensa. El esfuerzo del alma en la oración es siempre un esfuerzo de ansiedad y esfuerzo.

En realidad, esto es ventajoso para ti. Así puedes distinguir con facilidad cuándo es el alma la que está funcionando.

¡Oh! Todo es tan distinto cuando el alma está respondiendo al mover del Espíritu; respondiendo a algo mucho más profundo dentro de tu ser.

Cuando el alma está respondiendo al Espíritu, la acción es libre, fácil y natural. Te va a parecer que casi no estás haciendo esfuerzo alguno.

Me sacó a lugar espacioso; me libró, porque se agradó de mí. (Lee el Salmo 18:19).

Una vez que tu alma se ha vuelto hacia dentro, y una vez que tu mente está fija en el Espíritu, a partir de ese momento, la atracción interna del Espíritu del Señor es muy poderosa. De hecho, la atracción de tu espíritu hacia el alma es más fuerte que cualquier otra fuerza; mucho más fuerte que esas cosas que te querrían arrastrar de nuevo hacia la superficie.

La verdad es que no hay nada que regrese tan rápido a su centro como el alma al Espíritu.

¿Está el alma activa en ese momento? ¡Sí! Pero la actividad es tan elevada, tan natural, tan pacífica y espontánea, que te va a parecer que tu alma no está haciendo esfuerzo alguno.

¿Has notado alguna vez que cuando una rueda gira con lentitud es fácil verla completa? Pero a medida que va girando con mayor rapidez, vas a poder distinguir muy poco. *Ésta* es el alma que reposa en Dios. Cuando el alma reposa en Dios, su actividad es espiritual y muy elevada. No obstante, el alma no está haciendo esfuerzo alguno. Está llena de paz.

Por tanto, mantén tu alma en paz.

Mientras más en paz esté tu alma, con mayor rapidez podrá moverse hacia Dios, que es su centro.

—Mme. Guyon

La restauración del alma

Deja que te guíe el Espíritu de Dios. Al depender continuamente de su acción, y no de la acción del alma, las cosas que hagas van a tener valor para Dios. Sólo lo que hagas de *esta* forma tiene valor para Él, y para su obra en la tierra.

Veamos esto desde el punto de vista de Dios.

Todas las cosas fueron hechas por el Verbo, y sin Él, no fue hecho nada de cuanto fue hecho. (Lee Juan 1:3).

En el principio mismo, fue Dios quien formó al hombre por su Palabra. Lo hizo a su propia imagen. Dios era Espíritu, y le dio al hombre un espíritu para poder entrar en él y mezclar su propia vida con la vida del hombre.

Por supuesto, éste era el estado del ser humano antes de la Caída. En el momento de la Caída, el espíritu del hombre quedó muerto. Dios perdió su oportunidad de entrar en el espíritu del hombre. El hombre perdió la capacidad para contener la vida de Dios y llevar la imagen de Dios.

Se veía muy llanamente que era *necesario* restaurar el espíritu del hombre para que Dios pudiera restaurar al hombre a lo que Él tenía la intención de que fuera.

Y, ¿cómo podría restaurar Dios el espíritu del hombre? ¿Cómo podría restaurar la imagen de Dios en el ser humano?

Nada menos que por Jesucristo. Tenía que ser el Señor Jesús mismo quien le diera vida al espíritu del hombre y restaurara la imagen de Dios. ¿Por qué? Porque sólo Jesucristo es la imagen exacta de su Padre. Sólo Él lleva la vida de Dios al hombre.

No hay imagen que se pueda reparar por sus propios esfuerzos. La imagen rota tiene que mantenerse pasiva bajo la mano del obrero.

¿Cuál es tu actividad en esta restauración? Tu única actividad debe consistir en cederte por completo a la obra interior del Espíritu. Jesucristo ha entrado en ti; en lo más íntimo de tu ser. Cédete a la obra que Él está realizando allí.

Si el lienzo no permanece estable, el artista no puede pintar en él una imagen adecuada. Lo mismo sucede contigo. Cada movimiento de tu yo produce un error. La actividad del yo interrumpe y destruye el diseño que Jesucristo quiere grabar en ti. En lugar de moverte, debes limitarte a mantenerte en paz. Responde *sólo* a la obra del Espíritu.

Jesucristo tiene la vida en sí mismo (Lee Juan 5:26), y es *Él* quien le debe dar vida a todo ser viviente.

Este principio —el principio de dependencia total en el Espíritu y negación absoluta de la actividad del alma— se puede ver en la Iglesia.

Mira la Iglesia. El Espíritu de la Iglesia es un Espíritu que se mueve y da vida. ¿Está la Iglesia inactiva, estéril y sin fruto? ¡No! La Iglesia está *llena* de actividad. Pero su actividad es ésta: una dependencia total del Espíritu de Dios. Ese Espíritu es el que la mueve. Ese Espíritu es el que le da vida.

Este principio funciona en la Iglesia, y es el principio que causa que la Iglesia sea lo que es. Es exactamente el mismo principio que debe operar en ti. Lo que es cierto con respecto a ella, lo debe ser con respecto a sus miembros. Para ser hijos espirituales suyos, tenemos que ser guiados por el Espíritu.

El Espíritu que está en ti *está* activo. La actividad que se produce en su vida por seguir al Espíritu es una actividad mucho más elevada que cualquier otra.

(Una actividad sólo es tan digna de alabanza como su fuente. La actividad que se produce como consecuencia de que seguimos al Espíritu es mucho más digna de alabanza que ninguna otra actividad que proceda de cualquier otra fuente. Lo producido desde el Espíritu de Dios, es divino. Lo que procede del yo, por bueno que parezca, sigue siendo sólo humano; sigue siendo sólo el yo).

Tu Señor proclamó una vez que sólo Él tiene vida. Todas las demás criaturas tienen vida "prestada". El Señor tiene vida *en* sí mismo. Esa vida, que está *en Él,* también lleva consigo *su* naturaleza. Es esa vida única la que Él quiere darte. Quiere darte la vida divina, y quiere que vivas con esa vida, en lugar de vivir con la vida de tu alma. Al mismo tiempo, debes dejar espacio para la negación de tu alma; esto es, la negación de la actividad de tu propia vida. La única forma de dejar espacio para que la vida de Dios permanezca en ti y viva en ti, es a base de perder tu vieja vida que te viene de Adán, y negándote a la actividad del yo.

¿Por qué? Porque esta vida que estás recibiendo es la vida de Dios mismo, la misma vida con la que vive Dios. Pablo dice:

De modo que si alguno está en Cristo, nueva criatura es; las cosas viejas pasaron; he aquí todas son hechas nuevas. (2 Corintios 5:17)

Pero, repito, la única forma de que esto se convierta en una experiencia práctica para ti, es muriendo a ti mismo y a todas tus propias actividades, de manera que las pueda sustituir la actividad de Dios.

—MME. GUYON

NOTA

1. Si puedes leer, no te saltes este capítulo, porque te ayudará grandemente. Recuerda que hasta el siglo pasado, la gran mayoría de la población mundial no podía leer. Jeanne Guyon se dirigió a ellos. Si le estás leyendo este libro a alguien que no pueda leer, les va a ser de gran utilidad.

Entrar en su presencia

Vuélvete hacia Dios

Necesitas dedicar un tiempo para volverte hacia Dios. No ores sólo cuando hayas apartado un momento para hacerlo. Mientras más ocupado estés, más debes acostumbrarte a la práctica de volverte hacia Dios. Si esperas a que llegue el momento oportuno, no hay duda de que vas a terminar pasando muy poco tiempo con Dios.

Trata de acercarte a Dios tanto en la mañana como en la noche. Ora durante todos tus otros trabajos y entre ellos, tanto como puedas. No es posible retirarte demasiado de las conversaciones vacías del mundo. Aprende a aprovechar este tiempo en pequeños instantes, y hallarás que esos momentos van a formar la parte más valiosa de tu día.

No te hace falta mucho tiempo para decirle a Dios que lo amas. Levanta a Él tu corazón. Adóralo en lo más profundo de tu espíritu. Ofrécele lo que haces y lo que sufres. Dile las cosas más importantes que te sucedan; dile lo que te llama más la atención cuando leas la Biblia. Apégate a tu mejor Amigo; vive en Él con una confianza sin límites; háblale desde un corazón lleno de amor. Cuando aprendas a volver continuamente tu espíritu hacia la amorosa presencia de Dios en tu interior, te sentirás fortalecido para hacer lo que se te exige. He aquí que el Reino de Dios adquiere vida dentro de ti.

Esos tiempos de retiro interior son la única solución para tu carácter iracundo, tu naturaleza crítica y tu impaciencia. Te va a ayudar el que acudas a Dios, pero vas a necesitar hacerlo con frecuencia.

Mientras Dios te atrae hacia sí, síguelo con una confianza total. Ámalo como quisieras que te amaran. ¿Te parece extravagante esto? No es darle demasiado. A medida que Él te muestre nuevas formas de amarlo, velo haciendo.

Habla y actúa sin demasiada planificación y autoexamen. Fija tus ojos en Dios y sentirás menos necesidad de agradar a los demás. Lo maravilloso es que tal vez termines agradándoles más.

—FÉNELON

INCLÍNATE HACIA ÉL

Sin forzarte, trata de acercarte a Dios para tocarlo con tanta frecuencia como puedas. Aunque cuando quieras tocar al Señor y estés distraído, es importante que sigas acudiendo ante su presencia. No esperes un momento perfecto en que te puedas encerrar en tu cuarto para estar solo. Sabes lo difícil que es encontrar un momento así. El mismo momento en que te sientas atraído hacia Dios, es el momento de volverte hacia Él. Limítate a inclinarte hacia Él con el corazón lleno de amor y de confianza. Hazlo cuando estés conduciendo, o vistiéndote, o arreglándote el cabello. Vuélvete hacia Él mientras estás comiendo, o mientras hablan los demás. Cuando la conversación se vuelva aburrida, durante una reunión de negocios, por ejemplo, podrás hallar unos cuantos momentos para tener comunión con tu Padre, en lugar de gastar tus energías en una charla innecesaria.

Sé fiel a tus momentos de oración, tanto si hallas consuelo en ellos, como si no. Haz uso de los momentos del día en los que sólo estés un poco ocupado. Aprovecha todos los segundos libres para estar con Dios. Aunque estés tejiendo con aguja, puedes estar consciente de la presencia de Dios. Es más difícil estar consciente de su presencia cuando estás metido en una conversación, pero puedes aprender a sentirlo en tu interior, observando tus palabras y frenando todas las manifestaciones de orgullo, odio y amor propio. Haz tu obra con constancia y de manera que seas digno de confianza. Sé paciente contigo mismo.

Hay algo más que debes recordar, y es vigilar tus acciones y frenarte si te ves a punto de hacer algo incorrecto. Si haces algo incorrecto, soporta la humillación de tu error. Pero trata de entregarte de inmediato al calor interno que te está dando el Espíritu Santo. Las faltas cometidas por apresuramiento o por debilidad humana no son nada, comparadas con lo que es cerrar tus oídos a la voz interior del Espíritu Santo.

Y si cometes un pecado, comprende que no te va a servir de nada enojarte y sentir lástima de ti mismo. Levántate y sigue adelante, sin dejar que tu orgullo se sienta mal.

Admite que actuaste mal, pide perdón y sigue adelante. Irritarse consigo mismo no es lo que significa levantarse y seguir adelante en paz. No te incomodes tanto con tus propios errores.

Con frecuencia, lo que le ofreces a Dios no es lo que Él quiere. Él suele querer aquello que temes entregarle. Es Isaac, el bienamado, el que Él quiere que le entregues. Lo que anda buscando es aquello que se interponga entre tú y Él. No va a descansar, y tampoco vas a descansar tú, te añadiría, hasta que se lo hayas dado todo. Si quieres prosperar y disfrutar de la bendición de Dios, no le niegues nada. ¡Qué consuelo, libertad y fortaleza existen cuando no hay nada que se interponga entre tú y Dios!

—Fénelon

Escucha a Dios

No escuches a tu propia naturaleza. El amor propio susurra por un oído, y Dios susurra por el otro. El primero es inquieto, atrevido, ansioso y temerario; el otro es sencillo, pacífico y sólo habla unas pocas palabras con una voz suave y delicada. Tan pronto como le hagas caso a la fuerte voz del yo, vas a dejar de oír los suaves tonos del amor santo. Cada uno de ellos habla una sola cosa. El amor propio sólo habla de sí mismo; nunca le parece bastante la atención que recibe. El amor propio habla de que te tengan en gran estima. El yo desespera de todo, con excepción de la adulación abierta.

En cambio, el amor de Dios te susurra para decirte que debes olvidar el yo; que lo debes tener en nada, para que Dios lo pueda ser todo. Dios quiere llenarte por completo y unirse a ti. Haz que se calle la vana y quejicosa charlatanería del amor propio, para poder escuchar en la calma de tu corazón al amor de Dios.

Mientras vivas en la tierra, sólo podrás comprender en parte. El amor propio, que es la fuente de tus faltas, es también lo que esconde esas faltas. Hace falta arrancártelo de raíz para que Dios pueda reinar en tu interior sin oposición.

La luz de Dios te va a mostrar cómo eres en realidad, y también te va a sanar de tus pecados. Mientras no te hayas visto en la pura luz de Dios, en realidad no te conocerás a ti mismo. En realidad, te apoyas en ti mismo mucho más de lo que piensas.

El amor de Dios va a hacerte ver con claridad que Él te ama sin prejuicios y sin adulación. Así es como te debes ver a ti mismo, y también a tu prójimo. Pero tranquilízate, que Dios sólo te muestra tus debilidades al mismo tiempo que te da el valor necesario para soportar lo que veas. Te va a ir mostrando tus imperfecciones una a una, a medida que puedas enfrentarte a ellas. A menos que Dios te dé gracia para ver tus debilidades, conocerlas sólo te llevaría a la desesperación.

Los que corrigen a los demás deben esperar que el Espíritu Santo vaya por delante de ellos y toquen el corazón de la persona. Aprende a imitarlo a Él, que reprende con delicadeza. La gente no necesita ver a Dios condenándola, sino que debe darse cuenta dentro de sí misma que ha hecho algo incorrecto. No seas implacable, no vaya a ser que la gente vea a Dios como un ogro dedicado a criticarla. Cuando te enojas por la falta de otra persona, por lo general no se trata de una "justa indignación", sino de tu propia personalidad impaciente, que se está expresando a sí misma. El imperfecto señalando con el dedo a otro imperfecto. Mientras más te ames a ti mismo egoístamente, más crítico vas a ser con los demás. El amor propio no puede perdonar el amor propio que descubre en los demás. Nada ofende tanto a un corazón altanero y presumido como ver otro semejante a él.

En cambio, el amor de Dios está lleno de consideración, de paciencia y de ternura. Saca a las personas de sus debilidades y de sus pecados paso a paso. Mientras menos egoísta seas, más considerado serás con los demás. Espera largo tiempo; espera años, antes de dar un consejo. Y entonces, da sólo el consejo cuando Dios abra el corazón de quienes lo deben recibir. Si recoger la fruta antes que madure, la vas a echar a perder por completo.

Tus amigos imperfectos, y todos somos imperfectos, sólo te pueden conocer de una forma imperfecta. Ven en ti lo que tú no puedes ver, y pasan por alto mucho de lo que tú sí ves. Ven enseguida las cosas que los ofenden, pero no miran con profundidad dentro de ti a las faltas que se hallan bien escondidas. Aun sus mejores juicios son superficiales.

Escucha en silencio a la voz de Dios. Tienes que estar dispuesto a aceptar lo que Él te quiere mostrar. Dios te va a mostrar todo lo que necesitas saber. Sé fiel en acudir ante Él en silencio. Cuando oigas la voz que te susurra en tu interior, es tiempo de guardar silencio. Esa voz no es extraña a tu espíritu. Es la voz de Dios dentro de él. No es algo místico, sino algo práctico. Muy dentro de tu ser, vas a aprender a cederte a Dios y a confiar en tu Señor.

—FÉNELON

CONFÍA EN DIOS

El mejor lugar donde puedes estar, es donde Dios te ponga. Cualquier otro lugar es indeseable, porque eres tú quien lo escoges para ti mismo. No pienses demasiado acerca del futuro. La preocupación por las cosas que aún no han sucedido no es saludable. Dios mismo te va a ayudar día tras día. No hay necesidad de almacenar cosas para el futuro. ¿Acaso no crees que Dios va a cuidar de ti?

La vida de fe hace dos cosas: La fe te ayuda a ver a Dios detrás de todo lo que Él usa. Y la fe también te mantiene en una posición en la que no estás seguro de qué va a suceder después. Para tener fe, no siempre querrás saber lo que está sucediendo, o va a suceder. Dios quiere que confíes sólo en Él de minuto a minuto. La fortaleza que te da en un minuto no es para que te lleve a través del minuto siguiente. Deja que Dios se ocupe de lo suyo. Limítate a ser fiel en lo que Él te pida. Confiar en Dios de momento en momento —en especial cuando todo está oscuro e incierto— es un verdadero morir a tu viejo yo. Este proceso es tan lento e interior, que muchas veces está escondido de ti mismo, y también de los demás.

Cuando Dios te lleva algo, puedes estar seguro de que Él sabe cómo reemplazarlo. Hay una historia según la cual cuando Pablo estaba solo en el desierto, un cuervo le llevaba media hogaza de pan cada día. Si la fe de Pablo vacilaba, y quería estar seguro de que tendría suficiente, habría orado a fin de que el cuervo le trajera lo necesario para dos días. ¿Crees que el cuervo habría regresado siquiera? Come en paz lo que Dios te dé. "El día de mañana traerá su afán" (Lee Mateo 6:34). Puedes estar seguro de que Aquél que te alimenta hoy te alimentará mañana.

—FÉNELON

SOMÉTELE TU VOLUNTAD

El amor no depende de tus sentimientos. Tu voluntad es lo que Dios quiere de ti. Lleva tu casa de una manera santa, educa a tus hijos en la forma debida, y renuncia a los placeres vacíos. Trata de ser sencillo, callado y humilde. Haz que tu vida esté escondida con Cristo en Dios. Eso es lo que Dios anda buscando.

Cuando Dios te pida algo, no se lo niegues. Aprende a esperar en Él. No te muevas hasta que Él te lo indique. Cada día te va a traer sus propios problemas. Mientras te enfrentas a ellos, se va a ir haciendo mayor tu profundidad en Dios.

Que sea tu fe la que te fortalezca. Cuando te sientas totalmente débil, descubrirás una fortaleza que no es tuya. Vas a saber que esa fortaleza no te pertenece. Y si te descarrías por un poco de tiempo, entonces aprenderás humildad cuando regreses. Tu Señor vive en el centro de tu espíritu. Regresa a Él en ese lugar tantas veces como puedas. Ríndete a Dios y aprende a vivir por Él, en lugar de vivir por tus propias fuerzas. Poco a poco, este aprender a vivir por las fuerzas de tu Señor se va desarrollando dentro de ti. Ya no te vas a aferrar a las cosas que puedas ver, sino que te vas a aferrar a Dios, y allí vas a hallar una comunión profunda y genuina.

—FÉNELON

CAMINA EN SU PRESENCIA

El núcleo mismo de tu vida como cristiano está contenido en estas palabras que Dios le dijo a Abraham: "Anda delante de mí, y sé perfecto". La presencia de Dios calma tu espíritu, te da un sueño descansado y tranquiliza tu mente. Pero te debes entregar por completo a Él.

No te hace falta mucho tiempo para amar a Dios, para

119

renovarte en su presencia y para adorarle en lo más profundo de tu corazón. El Reino de Dios está dentro de ti y nada lo puede perturbar.

Cuando las distracciones externas y una imaginación errante te impiden tener una vida interior pacífica, entonces debes hacer todo lo posible para ir ante Dios. No es que te puedas forzar a entrar en la presencia de Dios, pero hasta el deseo mismo de entrar a su presencia es una poderosa ayuda para tu espíritu. Cultiva unas intenciones puras y rectas hacia Dios.

De vez en cuando, debes agitar tus anhelos más profundos de estar totalmente entregado a Dios. Tienen que existir temporadas en las cuales sólo pienses en Él, con un amor centrado en Él por completo, sin distracciones de ninguna clase. En momentos como ésos, conságrale del todo tus sentidos. No te dejes enredar con cosas que sabes que te van a distraer de Dios, tanto externa como internamente. Una vez que te hayas distraído de Dios, te va a ser duro regresar a Él. Cada vez que notes que quieres demasiado una cosa, detente de inmediato. Dios no habita en medio del caos y el desorden. No te dejes atrapar con lo que hacen y dicen a tu alrededor. Te vas a sentir profundamente perturbado si lo haces. Averigua lo que Dios espera de ti en cada situación, y limítate estrictamente a hacerlo. Esto te ayudará a mantener tu espíritu interior tan libre y pacífico como sea posible. Deshazte de todo lo que impida que te vuelvas hacia Dios con facilidad.

Una forma excelente de mantener calmado el espíritu, es soltar cada acción tan pronto como la hayas terminado. No sigas pensando acerca de lo que has hecho o no has hecho. Y no te culpes a ti mismo por haber olvidado algo, o por haber hecho algo que lamentas. Vas a ser mucho más feliz si sólo mantienes en la mente las tareas que tienes en las manos. Piensa en algo, sólo cuando es hora de pensar en ello. Dios te dirá cuándo ha llegado la hora de enfrentarte a algo. Vas a agotarte la mente tratando de descifrar la voluntad de Dios antes que llegue el momento adecuado.

Toma el hábito de llevar tu atención de vuelta a Dios de una manera constante. Entonces, vas a poder calmar toda tu conmoción interna tan pronto como comience a agitarse. Apártate por completo de todo placer que no proceda de Dios. Busca a Dios dentro de ti, y sin duda lo hallarás con paz y gozo. Ocúpate con Dios, más que con ninguna otra cosa. Hazlo todo consciente de estar actuando ante Dios y para Él. Ante la vista de la majestad de Dios, tu espíritu se debería llenar de tranquilidad y bienestar. Bastó una palabra del Señor para calmar el mar enfurecido, y una mirada suya dirigida a ti, y tuya dirigida a Él, va a hacer lo mismo en ti.

Levanta tu corazón a Dios. Él te va a purificar, iluminar y dirigir. David dijo: "A Jehová he puesto siempre delante de mí". Repite sus hermosas palabras: "¿A quién tengo yo en los cielos sino a ti? Y fuera de ti nada deseo en la tierra".

No esperes al momento en que puedas cerrar la puerta sin que te interrumpan. El momento en que anheles la oración interna basta para llevarte a la presencia de Dios. Vuélvete hacia Él con sencillez y confianza, y con familiaridad. Aun en esos momentos en que más interrupciones tengas, te podrás volver hacia tu Padre. En lugar de aburrirte con una charla sin provecho, puedes hallar alivio en la búsqueda de un momento de comunión interna con Dios. Así verás cómo todas las cosas obran juntas para el bien de aquéllos que aman a Dios.

Lee lo que se ajuste a tus necesidades del momento. Mientras leer, haz una pausa para escuchar la voz de Dios que te está dirigiendo. Dos o tres palabras sencillas, llenas del Espíritu e Dios, son como alimento para el espíritu. Se olvidan las palabras, pero siguen haciendo su labor en lo secreto, y el espíritu se alimenta de ellas, fortaleciéndose.

—FÉNELON

DESCANSA EN DIOS

La virtud comienza a crecer en un corazón que anhela la voluntad de Dios. No es cuestión de saber mucho, o de tener talentos; ni siquiera de hacer grandes obras. Todo lo que necesitas en realidad es tener el anhelo de pertenecerle a Dios por completo. Pero, ¿cómo llega a esta situación tu voluntad? Conformándose poco a poco, pero sin reservas, a lo que Dios quiere. Debes aprender a armonizar tu débil voluntad con la voluntad totalmente poderosa de Dios. Aquí vas a hallar paz y gozo inagotables e interminables.

Adora, alaba y bendice a Dios por todo. Encuéntralo en todas las cosas. Ya no hay nada verdaderamente malo en tu vida, porque Dios usa hasta los sufrimientos más terribles para obrar por tu bien, porque te ama. ¿Se pueden llamar malas las tribulaciones que Dios usa para purificar tu vida? Piensa en lo que esas tribulaciones logran en tu vida.

Pon todos tus cuidados en el seno del Padre. Conténtate con seguir su voluntad en todas las cosas, y con permitirle que traiga tu voluntad a la armonía y la unidad con Él. No te le resistas cuando obre dentro de ti. Si sientes que se está levantando la resistencia dentro de ti, vuélvete a Él y toma partido por Él contra tu propia naturaleza rebelde. Él sabrá lo que hay que hacer. Aprende a no entristecer al Espíritu Santo que está dentro de ti, porque Él vigila tu vida interior. Aprende de los errores que has cometido en el pasado, sin desanimarte.

¿Cómo mejor puedes glorificar a Dios, que renunciando a tus propios apetitos, y dejando que Él haga lo que le agrade? Él es realmente tu Dios, cuando no ves nada más que su mano dominando sobre todas las cosas de tu vida, y lo adoras sin presión externa, e incluso sin consuelo interno.

Querer servir a Dios en algunas condiciones, pero no en otras, es servirlo a tu manera. En cambio, no ponerle límites a tu sumisión a Él es morir de veras a ti mismo. Así es como se adora a Dios.

Ábrete a Dios sin medida. Permite que su vida fluya a través de ti como un torrente. No temas nada en el camino por el que vas andando. Dios te va a llevar de la mano. Deja que tu amor por Él lance fuera todo temor que sientas por ti mismo.

—Fénelon

Dile que sí a Dios

Volverse perfecto no es volverse aburrido y estricto, como tú piensas. Lo que exige es que estés totalmente entregado a Dios desde lo más profundo de tu corazón. Cuando está totalmente entregado a Él, entonces todo lo que haces por Él se vuelve fácil. Los que le pertenecen por completo a Dios, siempre están contentos, porque sólo quieren lo que Dios quiere. Al desechar las cosas que le desagradan a Dios, te vas a sentir cien veces más feliz. Vas a conocer una conciencia clara, un corazón libre, la dulzura del sometimiento a Dios, y el gozo de ver que la luz aumenta en tu espíritu. Encima de todo esto, te vas a librar de la cruel dictadura de tus temores, y de los malos apetitos del mundo.

Tendrás que dejar cosas, pero es por Él, a quien tú más amas. Podrás sufrir, pero aun así, seguirás en pie en lo más profundo de tu ser. Y vas a decir un continuo "sí" a todo lo que Dios necesita hacer a fin de conformarte a su imagen.

Dios sólo quiere que haya una voluntad entre ustedes dos. Hazte moldeable en sus manos. ¿Tienes miedo de entregarle tu voluntad a Dios? Qué bienaventurado vas a ser si te lanzas a los brazos del "Padre de las misericordias y Dios de todo consuelo". Qué gran error es tener miedo de entregarte a Dios de una forma demasiado absoluta. Eso sólo significa que tienes miedo de ser demasiado feliz; de hallar demasiado consuelo en el amor de Dios, de llevar la cruz de tu vida con demasiada valentía.

Para poderle pertenecer a Dios por completo tienes que soltar las cosas terrenales. No necesitas renunciar a todo por completo. Cuando vivas ante Dios, equilibrado por la disciplina, todo lo que necesitas es dejar que el amor de Dios te dirija y motive desde tu interior.

Después de tu conversión, tu posición en la vida tal vez no cambie, pero tú sí vas a cambiar. Sirve a Dios en el lugar donde te haya puesto. De esta forma, en lugar de que el orgullo y la pasión te devoren, vas a vivir con libertad, valentía y esperanza. Vas a descubrir que puedes confiar en Dios, y vas a mirar hacia la eternidad futura, lo cual hará que tus pruebas del momento sean más fáciles de sobrellevar. Cuando la felicidad terrenal se escape de tus manos, el amor de Dios te dará alas para que vueles hasta su regazo, por encima de todas tus tribulaciones y tus cuidados.

—FÉNELON

FUISTE HECHO PARA DIOS

Todo es para Dios, y para sus propósitos. Por supuesto que Él quiere que seas feliz, pero ésa no es su meta más alta. La gloria de Dios y sus propósitos son el final de todas las cosas. Así que busca los propósitos eternos de Dios y ponte en armonía con ellos. En esto vas a hallar felicidad y salvación, pero no como un fin en ellas mismas. Todo va a ser para Dios.

No son muchas las personas que pueden pensar siquiera en pertenecerle por completo a Dios, en lugar de pertenecerse a sí mismas, pero éste es el más alto de los llamados. Es difícil de oír o de comprender, porque quieres vivir para tus propios intereses. Y es difícil convencer a una persona moderna de que Dios es su meta final, y de que todo en la vida debe ser de Dios y para Dios. Eso no significa que no puedas divertirte, ni disfrutar de tu libertad en Dios. Sencillamente, debes querer que se cumplan los propósitos de Dios, más que ninguna otra cosa en toda la creación. Le perteneces a Dios; fuiste hecho para Él. Tus instintos naturales te dicen que protejas tu vida y que cuides de ti mismo. En esto no hay nada malo, pero puedes vivir de acuerdo con un instinto más profundo que hay en tu espíritu, y que vive sólo para la gloria de Dios.

Hay quienes aman a Dios porque Él, en su bondad, extiende la mano para salvarlos. Pero puedes experimentar el amor de Dios, aunque Él nunca se te acercara para salvarte (a pesar de que esta suposición es imposible). Puedes amar a Dios, sencillamente por ser quien Él es, y no por lo que Él hace a tu favor. ¿Ves la diferencia? No es malo que te alegres de que Dios te haya salvado; sólo que es mejor no abundar en esto, y vivir para lo que Dios realmente anda buscando al redimirte.

Si piensas que este tipo de amor es imposible, te quiero decir un par de cosas. Para Dios no hay nada imposible. ¿Vas a acusar a los más grandes cristianos de cada generación de estar viviendo una ilusión, sólo porque tú no te puedes elevar a su mismo nivel?

En segundo lugar, la vida eterna es un don de la gracia de Dios. Él no está obligado a dártela; con todo, ha dado a su Hijo para que la heredes. Si, sólo por poner un ejemplo, decidiera no darme vida eterna, si en el momento de mi vida física, yo desapareciera en el olvido, entonces Dios y su propósitos no habrían cambiado, ¿no es así? Dios nunca estuvo obligado a salvarme, ¿no es eso? Todo lo que tengo que viene de Él, mi vida misma, es un don de su gracia. Aunque decidiera no salvarme para la eternidad, sigue siendo mi Creador, y está en libertad de hacer conmigo lo que quiera. Dios sigue siendo Dios. Su carácter sigue siendo el mismo. Sus propósitos no han cambiado. ¿No lo debería seguir amando por todo esto?

Pero Dios te ha preparado para que seas suyo por siempre. ¿Te atreverías a amarlo demasiado? Yo lo voy a seguir amando, sin que me importe lo que Él me haga. ¿Te atreverías a amarlo menos, cuando Él te ame más? La recompensa que te espera, ¿te va a hacer más egoísta? ¿Es tu meta la vida eterna, y no Dios mismo? Tu amor es verdaderamente débil, si esto es cierto.

—FÉNELON

Conocer a Dios

En realidad, la mayoría de la gente no conoce a Dios. Sabe lo que ha leído, o le han dicho, pero es un conocimiento intelectual en el que falta una verdadera experiencia espiritual. La mayoría de nosotros aprendemos al crecer que hay un Dios, pero no estoy seguro hasta qué punto lo creemos. No actuamos como si creyéramos en Dios. Y los que creen en Dios, tienen con Él una relación basada en el temor, más que en el amor.

¿Cuántos aman a Dios y lo quieren conocer tal como Él es? Oro para que siempre haya gente así, aunque sea poca. Todos fuimos hechos para Dios. Pero cuando se le habla a la gente de buscar a Dios dentro de sí, es como decirle que vaya a otro planeta. ¿Qué se halla más lejano y es más desconocido que el fondo de tu propio corazón?

Oh Dios mío, no te comprendemos. No sabemos que existimos por medio de ti. Ayúdame a verte en todas partes. Has permitido algo asombroso: una mezcla de bien y mal, incluso en el corazón de los que están más entregados a ti. Esas debilidades nos mantienen humildes y cercanos a ti. Por eso, ahoga en mi corazón todo lo que se levante para poner en tela de juicio tu bondad. Permíteme sentarme en silencio ante ti, y entonces comenzará a comprender. Nada te fuerza a superar a tus enemigos. "Tú eres paciente", dice Agustín, "porque eres eterno." Oh Dios, ámate a ti mismo en mi. Mientras más te ame, más te

127

buscarás con tu incansable amor. Oh Dios mío, te adoro. Tú me has hecho sólo para ti. Existo para ti.

—FÉNELON

AMA A DIOS CON TODO EL CORAZÓN

Vive en la paz. Tus sentimientos de entrega a Dios y tu entusiasmo por servirle no dependen de tus propias capacidades. La única cosa que puedes controlar entre todas, es tu voluntad. Dásela a Dios sin reservas de ninguna clase. La pregunta importante no es "¿Disfruto de mi cristianismo?", sino más bien: "¿Quiero lo que Dios quiere?" Confiesa tus faltas. No te apegues demasiado a las cosas de este mundo. Confía en Dios. Ámalo más que a ti mismo. Ama su gloria más que a tu vida. Si no quieres esas cosas, pídele que te dé el quererlas. Dios va a venir a ti con su amor, y va a poner su paz en tu corazón.

—FÉNELON

Una fortaleza interior invencible

Las tinieblas, la aridez, las tentaciones debilitadoras; todas éstas son las cosas de las que Dios purifica el alma. En primer lugar, debes saber que tu espíritu es el centro mismo, la habitación del Reino de Dios. (Tu centro es el Reino de Dios). Tu Señor reina en su trono, con reposo, en ese lugar. Vas a necesitar mantener tu corazón en paz, para poder mantener este templo interior de Dios como un lugar puro.

No importa qué sea lo que el Señor envíe a tu vida, porque en ese lugar no hay perturbación.

Por tu bien y para provecho de tu espíritu, Él va a permitir que un enemigo envidioso perturbe esta ciudad de reposo, este trono de paz. Los problemas te van a venir bajo la forma de tentaciones, tribulaciones y sugerencias sutiles. Todas y cada una de las cosas que forman la creación de Dios pueden participar en este esfuerzo por perturbarte. Vas a tener dolorosos problemas y angustiosas persecuciones.

¿Cómo te debes enfrentar a cosas así? ¿Cómo puedes mantenerte constante y animado en el corazón en medio de todas estas tribulaciones? Entra en esa esfera más interna, porque allí es donde puedes vencer a lo que te rodea por fuera. Dentro de ti hay una fortaleza divina, y esa fortaleza divina te defiende, te protege y lucha por ti.

—Molinos

EL AMOR DIVINO

Existe un fuego del amor divino.

Es ese amor que quema al creyente, y que puede causar incluso que el creyente sufra. ¿Cómo? Algunas veces, la ausencia del Amado afecta grandemente al creyente.

Algunas veces, el creyente oye que lo llama la voz interior del Amado. Es un delicado susurro y procede de las profundidades más hondas del creyente... donde habita el Señor, el Amante. Es este susurro el que se apodera del creyente casi hasta el punto de destruirlo. El creyente se da cuenta de lo cercano que está su Señor, y al mismo tiempo comprende lo mucho que el alma aún no ha sido poseída por Él.

Esto embriaga al creyente y pone dentro de él un anhelo insaciable por ser transformado en la semejanza de su Señor. Por tanto, se puede decir esto del amor: El amor divino es tan fuerte como la muerte, porque mata con tanta seguridad como mata la misma muerte.

—MOLINOS

ATRAÍDO HACIA LA RECÁMARA INTERIOR

En las épocas de desolación, o en las de tentaciones, te exhorto a aprender siempre a retirarte hasta la recámara más interior de tu espíritu. Allí, no hagas otra cosa más que contemplar a Dios. En lo profundo de tu espíritu es donde se halla el lugar de la verdadera felicidad. *Allí* es donde el Señor te va a mostrar cosas maravillosas.

Cuando estemos allí rebosantes, y nos perdamos en

medio del mar inconmensurable de su infinita bondad, para permanecer en él firmes e inamovibles, habremos cumplido con la parte que nos toca. Allí es donde hallamos la razón de ser de nuestra existencia.

Al creyente que ha alcanzado con humildad y resignación este lugar tan profundo donde sólo se busca cumplir la voluntad de Dios, es al que el Espíritu divino y amoroso le enseña todas las cosas con una función llena de dulzura y comunicadora de vida.

Alto y soberano es el don del que puede sufrir la cruz, tanto interna como externamente, con contentamiento y resignación.

¿Qué significa estar perfectamente resignado? Significa que el creyente toma la resolución de permanecer a solas con Dios, evaluando con igual menosprecio aquellas cosas llamadas *dones*, y aquéllas llamadas *luz* y *tinieblas*. El creyente vive sólo en Dios y para Él.

Feliz el hombre que no tenga otro pensamiento más que el de morir a su propia naturaleza. En esto hay una victoria sobre el enemigo. Sí, pero también hay victoria sobre el propio yo. En esa victoria vas a hallar un amor puro y no adulterado, y una paz perfecta con tu Señor. El creyente que lo deja *todo* para hallar al Señor, comienza a poseerlo todo por la eternidad.

Hay una gran diferencia entre esto de *hacer* y esto de sufrir y morir.

Hacer es algo deleitoso. Les pertenece a los principiantes en Cristo. Sufrir les pertenece a quienes lo buscan. Morir —morir al yo— les pertenece a los que son completados en Cristo.

—MOLINOS

LLEGAR ANTE ÉL

La parte más central de nuestro ser; he *allí* la *región suprema*. Es el sagrado templo del Espíritu; el lugar donde Dios se deleita en permanecer. Allí es donde Él se manifiesta a aquél que Él mismo creó. Se entrega de una forma tal que va más allá, tanto de los sentidos como de toda comprensión humana.

En este lugar es donde el Espíritu verdadero —quien es Dios— domina el alma y es su dueño, poniendo en ella su propia iluminación.

No me malentiendas; el lugar más alto al que puede llegar el alma es un lugar donde está la voluntad de Dios; un estado de vida compuesto más de cruz, paciencia y sufrimiento que de lo que suelen pensar los seres humanos cuando hablan de *disfrute*.

—MOLINOS

LAS COSAS QUE SON ESPIRITUALMENTE PLACENTERAS

El cristiano puede ascender a un intercambio divino de amor con el Señor a base de dos métodos. El primer método consiste en el placer sensible. El segundo consiste en el anhelo celestial.

El primero es frágil. El creyente es tan frágil, que es necesario que lo agiten para que se acerque a Cristo las atracciones exteriores del amor placentero. Su relación con el Señor tiene sus cimientos apoyados mayormente en aquellas cosas que le dan placer al creyente. Quite esos placeres espirituales, y el creyente se va a hallar sobre un suelo muy movedizo. Pero el Reino de los cielos sufre violencia, y los débiles de corazón no lo conquistan.

El segundo ascenso pertenece más a los lugares celestiales. Voy a hablar de las tres etapas de esta ascensión.

La *primera* etapa es aquélla en la cual el creyente es llenado de Dios y adquiere el *odio por las cosas mundanas*. En esta etapa, el cristiano sólo se satisface con el amor divino, y aprende a estar quieto en la presencia de Dios.

La *segunda* etapa es la *embriaguez*. Se produce cuando el alma tiene más de lo que puede soportar. Dentro de esta etapa, nace dentro del creyente una plenitud del amor divino.

La *tercera* etapa es la *seguridad*. Aquí todo temor es echado fuera del alma del creyente, y en ese lugar vacío que queda al marcharse el temor, entra el amor divino. El creyente se resigna a cuanto decrete ese agrado divino. Y cuando hablo de resignación ante la voluntad de Dios, quiero decir que el creyente debería estar dispuesto a ir hasta al infierno, si supiera que ésa es la voluntad del Altísimo. En esta etapa, hay una cierta sensación de que es imposible separarse del Amado y de sus infinitos tesoros.

—MOLINOS

HACIA LA VÍA INTERIOR

Hay cinco pasos hacia la vía interior.

El primero es el *esclarecimiento*. En esta etapa se enciende el afecto divino. El amor divino por Él seca por completo aquellas cosas que sólo son humanas.

Le sigue un segundo paso, que es una *unción* interna.

133

Algo que es como un Espíritu líquido, fluye dentro del ser del creyente, le enseña, lo fortalece y le permite recibir una comprensión mayor del Señor y de sus caminos. Con esto aparece un placer que da la impresión de ser celestial.

La tercera etapa es el *crecimiento* del hombre interior, el hombre espiritual. A medida que el hombre interior comienza a ser más fuerte que el exterior, brota una fuente cristalina de amor puro por el Señor.

Después viene la *iluminación*. La iluminación es algo que llega del Espíritu de Dios al espíritu humano que habita dentro del hombre.

Por último está la *paz*. El sosiego. Se ha producido internamente una victoria sobre todas las luchas. La paz y el gozo son grandiosos. El creyente parece reposar por completo, como quien permanece en los amorosos brazos divinos.

Por medio de esto, ascendemos hasta el verdadero Salomón.

—MOLINOS

CUATRO ASPECTOS DEL AMOR INTERNO

El amor secreto e interno que el creyente tiene hacia su Señor, y que el Señor tiene por él, presenta cuatro aspectos.

El primero es la *iluminación*, que es un conocer por experiencia la grandeza de Dios y conocer también por experiencia la nada del propio creyente.

El segundo es un *ardiente amor*, un anhelo de ser consumido por el fuego divino.

El tercero es un *reposo* lleno de paz y de gozo.

El cuarto es una *llenura interior* del poder del Señor. El creyente el llenado por completo con Dios. El creyente ya no busca, anhela ni quiere nada que no sea la grandeza y el infinito bien que es su Dios.

Hay dos resultados que surgen de estos cuatro aspectos del amor.

El primero es una gran valentía para sufrir por Dios. El segundo es una esperanza —una seguridad incluso— de que el creyente nunca podrá perder a Dios, ni ser separado de Él, a pesar de lo que digan las evidencias externas.

—MOLINOS

EL DESCUBRIMIENTO INTERNO

Hay dos cosas que llevan al conocimiento de Dios. Una está muy lejos, y la otra cerca. La primera es la especulación. La segunda es el descubrimiento interno.

Los que andan en busca de una gran cantidad de conocimientos e información acerca de los caminos de Dios, en realidad están tratando de satisfacer sus razonamientos, y de llegar a Dios por otros medios que no son los *espirituales*. De esta forma, no te es posible alcanzar un amor verdadero y apasionado por el Señor. Los hombres que andan en busca de Dios por medio de la adquisición de información acerca de Él, y de información acerca de las Escrituras, en realidad no son más que eruditos. No conocen las esferas invisibles, ni se dan cuenta de que las cosas escondidas de Dios sólo se hallan dentro del espíritu. Tampoco han llegado a tocar esos gozos que permanecen en lo más profundo del creyente… ese lugar donde Dios mantiene su trono y se comunica con aquél que llega para unírsele allí.

Es increíble, pero hay incluso quienes condenan este concepto.

¿Por qué? Porque ni lo comprenden ni lo desean. El teólogo que no halla una vía interior hacia su Señor, se pierde esa vía, porque no está tratando de entrar por la puerta de la que habla Pablo cuando dice:

Si alguno entre vosotros se cree sabio en este siglo, hágase ignorante, para que llegue a ser sabio.

Esto es algo que se ha convertido en máxima entre los que siguen la vía interior: *Es necesario apoderarse de la práctica antes que de la teoría.*

Esto sólo significa que debes tener algún ejercicio producto de la experiencia de haber tocado a tu Señor de una forma muy real, antes de comenzar a buscar conocimientos y hacer grandes investigaciones acerca de estas cuestiones.

—MOLINOS

COSAS QUE ABANDONAR

Los hombres o mujeres que quieren alcanzar ese caminar más profundo con su Señor, deben abandonar estas cuatro cosas, y despegarse de ellas:

1. Las criaturas
2. Las cosas temporales
3. Los mismos dones del Espíritu Santo
4. Su yo
5. Y por último, se deben perder a sí mismos en Dios.

Entrar en su presencia

Esta última (la 5) es la más completa de todas. Sólo el creyente que se sabe despegar, logra perderse a sí mismo en Dios.

A Dios le satisface más el afecto del corazón que la ciencia y el pensamiento mundanos. Uno entre mil es capaz de ver el corazón purificado de todo cuanto lo aprisiona y contamina.

La pureza de corazón es el medio principal para alcanzar la sabiduría divina.

Nunca vas a llegar a las vías de las que he hablado aquí, si no permaneces firme; firme en especial en esos momentos en que Dios te purifica. Él te va a purificar no sólo del apego a los bienes temporales y naturales, sino también de tu anhelo por conocer sus sublimes bendiciones y las cosas que tienen que ver con las esferas invisibles, porque algunas veces, la naturaleza del yo se sostiene y se alimenta con esas mismas cosas. ¿Por qué hay personas que hacen todas las cosas de las que hemos hablado aquí (y muchas más), y sin embargo no alcanzan un conocimiento experimental del encuentro con Dios? Porque no se sujetan y someten total y completamente a Dios, quien tiene su luz para dársela a quienes lo hagan. Tampoco niegan a su propia naturaleza, ni permiten que sea vencida. Tampoco se entregan por completo a Dios con un perfecto desprendimiento del interés en ellos mismos.

Y por último, ninguno de nosotros, los creyentes, va a ser purificado si no es con el fuego del dolor interior.

—Molinos

O DIOS, O EL MUNDO

Toda la base para la pérdida de nosotros mismo se fundamenta en dos principios. El *primer* principio es tener muy poca estima por ti mismo y por las cosas del mundo. Esto significa renunciar a nuestra propia naturaleza y abandonar las cosas creadas con una firmeza y una energía santas.

El *segundo* principio es tener un gran aprecio por Dios. Un aprecio por Él que te lleve a amarlo, adorarlo y seguirlo sin pensar en tus intereses personales, aun cuando esos intereses sean muy santos.

De estos dos principios terminará surgiendo la conformidad con la voluntad divina. Esta conformidad práctica con la voluntad divina —en todas las cosas— lleva al creyente a la muerte de las actividades del *yo* a una *voluntad* que se halla en armonía con Dios.

No debe haber fijación en los deleites espirituales, ni siquiera fijación en los deleites que se hallan en las esferas invisibles, y por supuesto, tampoco en las emociones o los afectos. Si te permites entrar por ese camino, lo vas a hallar repleto de muchas ilusiones y desilusiones.

La senda correcta que debes tomar es la que incluya en sí misma el llevar una pesada cruz. Este camino es la calzada real que lleva a la pérdida de ti mismo.

¿Puedes comprender que incluso la honra, la dignidad y la alabanza son cuestiones con las que te debes enfrentar para alejarlas de ti? ¿Qué lugar tienen esas cosas en tu vida? ¿Competirías con un honor y una alabanza que sólo son para Él?

—MOLINOS

UNA ORACIÓN

Oh, Majestad divina, en cuya presencia se estremecen y tiemblan las columnas de los cielos, eres más que infinito, y sin embargo, los serafines arden en tu amor. Dame permiso, Señor, para lamentarme de nuestra ceguera e ingratitud. Todos vivimos engañados, buscando este necio mundo y abandonándote a ti, que eres nuestro Dios. Todos te abandonamos a ti, la fuente de agua viva, para buscar el maloliente pantano del mundo.

Oh, hijos de los hombres, ¿hasta cuándo vamos a andar tras la vanidad? ¿Qué engaño es el que hace que abandonemos al Señor nuestro, que es nuestro mayor bien? ¿Quién es el que nos dice la verdad más alta, nos ama más y nos defiende más? ¿Dónde hallaremos un amigo más perfecto, o un novio más tierno, o un padre más amante?

Oh, Señor divino, cuán pocos son los que están dispuestos a sufrir para seguir a Cristo crucificado, los que abrazan la cruz. Oh, cuánto escasean los que están totalmente despojados de todo, muertos a ellos mismos y vivos para Dios, resignados por completo a todo aquello que te plazca.

—MOLINOS

DE LA SUPERFICIE A LAS PROFUNDIDADES

Al tomar este libro, tal vez te parezca que, simplemente, no eres una de esas personas capaces de tener una experiencia profunda con Jesucristo. Muchos cristianos no sienten que *ellos* hayan sido llamados a una relación profunda e interna con su Señor. Pero podemos estar seguros de que hemos sido llamados a las profundidades de Cristo, de la misma forma que hemos sido llamados a la salvación.

Cuando hablo de esta "relación profunda e interna con Jesucristo", ¿qué quiero decir? En realidad, es muy sencillo. Sólo se trata de volver tu corazón al Señor, y entregárselo. Es la expresión del amor que hay dentro de tu corazón por Él.

Como recordarás, Pablo nos exhorta a "orar sin cesar" (1 Tesalonicenses 5:17). El Señor también nos invita a "velar y orar" (Marcos 13:33, 37). A partir de estos dos versículos, y de muchos más, es evidente que todos vivimos a base de esta clase de experiencia, esta *oración*, así como vivimos por amor.

En una ocasión, el Señor dijo: "Yo te aconsejo que de mí compres oro refinado en fuego, para que seas rico" (Lee Apocalipsis 3:18). Amado lector, hay oro a tu disposición. Adquirir ese oro es mucho más fácil de lo que te podrías imaginar jamás. Está a *tu* alcance. El propósito de este libro es lanzarte a esta exploración y a este descubrimiento.

Te hago esta invitación: Si tienes sed, ven al agua viva. No desperdicies tu valioso tiempo cavando pozos que no tienen agua dentro. (Lee Juan 7:37; Jeremías 2:13).

Si te estás muriendo de hambre, y no puedes hallar

nada que satisfaga esa hambre, ven. Ven, y serás saciado.

Si eres pobre, ven.

Si estás afligido, ven.

Si te sientes aplastado por tu carga de maldad y tu carga de dolor, ven. *Serás* consolado.

Si estás enfermo y necesitas médico, ven. No vaciles porque tengas enfermedades. Acude a tu Señor y enséñale todas tus enfermedades, y te serán sanadas.

¡Ven!

Amado hijo de Dios, tu Padre tiene sus brazos de amor bien abiertos esperándote. Lánzate a esos brazos. Tú que has andado perdido y vagando como una oveja, regresa a tu Pastor. Tú que eres pecador, acude a tu Salvador.

—Mme. Guyon

La oración: clave de la vía profunda

Me dirijo en especial a aquéllos de ustedes que son muy sencillos y no tienen estudios; incluso a los que no pueden leer ni escribir.

Tal vez pienses que eres la persona *menos* capaz de alcanzar esta experiencia permanente en Cristo, esta oración de sencillez. Tal vez te consideres el más alejado de una experiencia profunda con el Señor; pero en realidad, el Señor te ha escogido a ti de una manera *especial*. Eres el *mejor* preparado para conocerle bien.

Así que nadie sienta que se ha quedado fuera. Jesucristo nos ha llamado a todos.

Oh, sí me imagino que hay un grupo que se ha quedado fuera.

No vengas, si no tienes corazón. Verás: antes de venir,

hay una cosa que necesitas hacer: Primero le debes entregar tu corazón al Señor.

"Pero si yo no sé cómo le puedo dar mi corazón al Señor."

Bien, en este librito vas a aprender lo que significa darle tu corazón al Señor, y cómo hacerle ese regalo.

Entonces, permíteme que te pregunte si quieres conocer al Señor de una forma profunda. Dios *ha* hecho que esa experiencia, ese caminar, sea posible para ti. Lo ha hecho posible por medio de la gracia que nos ha dado a todos sus hijos redimidos. Lo ha hecho por medio de su Espíritu Santo.

Entonces, ¿cómo vas a acudir al Señor para conocerlo de esta manera tan profunda? La oración es la clave. Pero tengo en mente una cierta clase de oración. Es una clase de oración que es muy sencilla, y sin embargo, tiene la clave de la perfección y la bondad, cosas que sólo se hallan en Dios mismo. El tipo de oración en el que estoy pensando te va a liberar de tu esclavitud a todos los pecados. Es una oración que te va a liberar también para todas las virtudes piadosas.

Como verás, la única forma de ser perfecto consiste en caminar en la presencia de Dios. La única forma en que puedes vivir en su presencia en una comunión sin interrupciones, es por medio de la oración, pero un tipo muy especial de oración. Es una oración que te lleva a la presencia de Dios, y te mantiene en ella todo el tiempo; una oración que se puede experimentar bajo las condiciones que sea, en cualquier lugar y en cualquier momento.

¿Existe en realidad una oración así? ¿Existe realmente una experiencia así con Cristo?

¡Sí, hay una oración así! Una oración que no interfiere

con tus actividades externas ni con tu rutina diaria.

Hay una clase de oración que pueden practicar los reyes, los sacerdotes, los soldados, los agricultores, los niños, las mujeres, e incluso los enfermos.

Me apresuro a decirte que el tipo de oración del que estoy hablando, no es una oración que proceda de tu mente. Es una oración que comienza en el corazón. No procede de tu entendimiento, ni de tus pensamientos. Sencillamente, las oraciones ofrecidas al Señor desde tu mente no serían adecuadas. ¿Por qué? Porque tu mente es muy limitada. La mente sólo puede fijar su atención en una sola cosa. Nuestros pensamientos no interrumpen la oración que sale del corazón. Voy a llegar incluso a decir que nada puede interrumpir esa oración, la oración de *simplicidad*.

—MME. GUYON

EL LANZAMIENTO

Me gustaría dirigirme a ti como si fueras un principiante en Cristo; alguien que busca conocerle. Al hacerlo, te quiero sugerir dos formas de acercarte al Señor. A la primer ala llamaré "orar las Escrituras"; a la segunda, "contemplar al Señor" o "esperar en su presencia".

"Orar las Escrituras" es una forma única de tratar las Escrituras; comprende tanto la lectura como la oración.

He aquí cómo debes comenzar.

Abre las Escrituras; escoge un pasaje que sea sencillo y más bien práctico. Después, ven al Señor. Ven callada y humildemente. Allí, ante Él, lee una pequeña parte del pasaje de las Escrituras que buscaste.

Lee con detenimiento. Capta plena, delicada y cuidadosamente lo que estás leyendo. Saboréalo y digiérelo mientras leer.

En el pasado, tal vez hayas tenido el hábito de pasar con gran rapidez mientras lees de un versículo de las Escrituras a otro, hasta terminar de leer todo el pasaje. Tal vez hayas tratado de hallar la idea principal del pasaje.

Pero al acercarte al Señor a base de "orar las Escrituras", no necesitas leer con rapidez. Lee muy lentamente. No te muevas de un pasaje a otro, sin haber *sentido* el corazón mismo de lo que has leído.

Después, te sugiero que tomes esa parte de las Escrituras que te ha tocado, y la conviertas en oración.

Después de haber sentido algo del pasaje, y después de saber que le has extraído la sustancia misma a ese texto, y que todo el sentido más profundo que tiene ha terminado, entonces, con mucha lentitud y delicadeza, y de manera pausada, comienza a leer la parte siguiente del pasaje. Te sorprenderá descubrir que cuando haya terminado tu momento con el Señor, habrás leído muy poco; tal vez menos de media página.

Este "orar las Escrituras" no se juzga por *lo mucho* que leas, sino por la forma en que lo leas.

Si lees con rapidez, te va a beneficiar poco. Vas a ser como la abeja que sólo pasa rozando la superficie de la flor. En lugar de eso, en esta nueva forma de leer con oración, te debes convertir como la abeja que penetra hasta las *profundidades* de la flor. Te sumerges muy dentro de ella, para sacar su néctar más profundo.

Por supuesto, hay una clase de lectura de las Escrituras por erudición y por estudio, pero no es ésta. Esa clase estudiosa de lectura no te va a ayudar cuando se trate de cosas que son *divinas*. Para recibir un provecho profundo e interior de las Escrituras, debes leer como te lo he indicado. Sumérgete en las profundidades mismas de las palabras que lees, hasta que se abra paso hacia ti la revelación, como un dulce aroma.

—MME. GUYON

CONTEMPLAR AL SEÑOR

Cuando hablamos de "contemplar al Señor", te acercas a Él de una forma totalmente distinta. Tal vez en este momento necesite compartir contigo cuál es la mayor dificultad que vas a tener al esperar en el Señor. Tiene que ver con tu mente. La mente tiene una tendencia muy fuerte a divagar lejos del Señor. Por tanto, cuando vengas ante el Señor para sentarte en su presencia, contemplándolo, haz uso de las Escrituras *para acallar tu mente.*

En realidad, la forma de hacer esto es bastante sencilla.

Primero, lee un pasaje de las Escrituras. Una vez que sientas la presencia del Señor, el contenido de lo que has leído deja de tener importancia. Las Escrituras han cumplido con su propósito; han acallado tu mente; te han llevado a Él.

Para que puedas ver esto con mayor claridad, te voy a describir la forma de llegar al Señor por el simple acto de contemplarlo y esperar en Él.

Se comienza apartado un momento para estar con el Señor. Cuando vengas a Él, ven calladamente. Vuelve tu corazón a la presencia de Dios. ¿Cómo se hace esto? Esto también es muy sencillo. Te vuelves a Él por *fe*. Por fe, crees que has entrado en la presencia de Dios.

A continuación, mientras estás ante el Señor, comienza a leer algún texto de las Escrituras.

Mientras leer, haz *pausas*.

La pausa debe ser muy delicada. Has hecho la pausa para poder fijar tu mente en el Espíritu. Has fijado tu mente *hacia dentro*: en Cristo.

(Siempre debes recordar que no estás haciendo esto para adquirir algún tipo de comprensión sobre lo que has leído; más bien, estás leyendo para apartar tu mente de las cosas externas, a fin de fijarla en las partes más profundas de tu ser. No estás allí para aprender, ni para leer, sino que estás allí para experimentar la presencia de tu Señor).

Mientras estás delante del Señor, mantén tu corazón ante su presencia. ¿Cómo? Haz esto también por fe. Sí, por fe puedes mantener tu corazón en la presencia del Señor. Ahora, mientras esperas ante Él, vuelve toda tu atención hacia tu espíritu. No permitas que tu mente divague. Si tu mente comienza a divagar, sólo tienes que volver de nuevo tu atención a las partes más internas de tu ser.

Vas a estar libre de esas divagaciones —libre de todas las distracciones externas—, y vas a ser llevado cerca de Dios.

(El Señor se encuentra *sólo* dentro de tu Espíritu, en lo más recóndito de tu ser, en el Lugar santísimo; allí es donde Él habita. El Señor prometió una vez venir a habitar dentro de ti (Lee Juan 14:23). Prometió encontrarse allí con los que lo adoran y hacen su voluntad. El Señor se *va* a encontrar contigo en tu espíritu. Fue San Agustín quien dijo en una ocasión que había perdido mucho tiempo al principio de su experiencia cristiana, tratando de hallar al Señor exteriormente, en lugar de volverse hacia su interior).

Una vez que tu corazón se haya vuelto hacia tu interior, hacia el Señor, vas a tener una impresión acerca de su presencia. Vas a poder notar su presencia de una manera más intensa, porque tus sentidos externos se han quedado ahora muy tranquilos y callados. Tu atención no está fijada ya en las cosas exteriores, ni en los pensamientos superficiales de tu mente; en lugar de esto, dulce y silenciosamente, tu mente se ocupa en lo que has leído, y a través de eso, llega a tocar su presencia.

—MME. GUYON

EL ABANDONO

Al principio de este libro, hablamos de cómo conocer las profundidades de Jesús. Nuestro principio fue muy sencillo. Primero vimos lo que es *orar las Escrituras*, y después vimos la simplicidad que es limitarse a *contemplar al Señor*. Después que hayas buscado este nivel de experiencia con el Señor durante una extensión *considerable* de tiempo, deberías estar listo para pasar a un nivel de experiencia más profundo con Él, y un nivel más profundo en cuanto a conocerlo. Pero en este encuentro más profundo con el Señor que vimos en el capítulo 4, debes salir de la esfera de la oración sola; o, por decirlo con mayor claridad, te debes alejar de esas una o dos veces al día que son las únicas que has apartado para la oración con el Señor.

En este punto, deben entrar en tu corazón actitudes totalmente nuevas hacia tu vida entera. Si tienes que ir más allá de un solo momento de oración al día, hay otras partes de tu vida —e incluso toda tu manera de ver la vida— que van a tener que quedar alteradas. Esta nueva actitud debe aparecer por una razón muy especial: para que puedas seguir más profundo, cada vez más profundo, hasta otro nivel con tu Señor.

Para hacer esto, debes tener una actitud nueva hacia ti mismo, y también hacia el Señor. Es una actitud que debe ir mucho más profundo que todo cuanto hayas conocido anteriormente.

Para hacer esto, te presento una nueva palabra. Esa palabra es *abandono*.

Para penetrar con mayor profundidad en la experiencia de Jesucristo, es imprescindible que comiences a abandonar toda tu existencia, entregándosela a Dios. Tomemos los sucesos de la vida diaria como ilustración. Debes creer con firmeza que las circunstancias de tu vida, es decir, todos los minutos de tu vida, además del curso entero de esa vida —todo, sí, *todo* lo que te suceda— te habrá llegado por voluntad y permiso suyo. Debes creer con firmeza que todo lo que te ha sucedido procede de Dios, y es exactamente lo que necesitas.

Esta manera de ver tus circunstancias y esta mirada de fe dirigida a tu Señor te van a hacer *contentarte* con *todo*. Una vez que creas esto, comenzarás a tomar todo lo que te venga en la vida, como procedente de la mano de Dios, y no de la mano del hombre.

—MME. GUYON

ABANDONO Y REVELACIÓN

Hay quienes me han hecho esta pregunta: "Si me abandono por completo al Señor, ¿significaría eso que no voy a tener revelaciones nuevas de Jesucristo?"

¿Acaba el abandono con la revelación?

No; no acaba con ella. Muy al contrario, el abandono es el medio que el Señor va a usar para darte revelación. La revelación que recibas te vendrá como *realidad*, y no como *conocimiento*. Esto sólo lo hace posible el abandono.

Debes recordar en manos de *quién* te estás abandonando.

Te abandonas en las manos del Señor Jesús. Es también al Señor al que vas a seguir como Camino; es este Señor al que vas a oír como la Verdad, y de este Señor es del que vas a recibir la Vida. (Lee Juan 14:6). Si lo sigues como Camino, lo escucharás como Verdad, y Él te traerá vida porque Él es la Vida.

Cuando la revelación llega hasta ti, sucede algo; Jesucristo hace en realidad una impresión de sí mismo en tu alma. Cada vez que viene a ti, deja en ti una impresión nueva y distinta de su naturaleza.

Pronto, habrá muchas expresiones distintas de su naturaleza impresas en tu ser.

Tal vez hayas oído decir que debes *pensar* en las diferentes experiencias de Jesucristo. Pero es mucho mejor que cargues, que lleves esas experiencias de Jesucristo *dentro* de ti.

Así eran las cosas en la vida de Pablo. Él no meditaba en los sufrimientos de Cristo; no reflexionaba sobre las marcas de los sufrimientos que había en el cuerpo del Señor. En lugar de esto, llevaba en su propio cuerpo las experiencias de su Señor. Hasta llegó a decir: "Yo traigo en mi cuerpo las marcas del Señor Jesús" (Lee Gálatas 6:17). ¿Lo hizo a base de meditar en esas marcas? No. Jesucristo se había impreso personalmente en Pablo.

Cuando el Señor halla a un creyente que se ha abandonado por completo a Él en todas las cosas de *fuera* y en todas las cosas de *dentro*, con frecuencia decide darle a esa persona unas revelaciones especiales de su naturaleza. Si llegas a tener esa experiencia, acepta estas revelaciones con un corazón agradecido.

Recíbelo siempre doto de Él con un corazón agradecido, sin que te importe lo que Él decida concederte.

—MME. GUYON

LA ORACIÓN CONTINUA

Si permaneces fieles en las cosas de las que hemos hablado hasta ahora, te sentirás asombrado al sentir que el Señor va tomando posesión gradualmente de todo tu ser. Me gustaría recordarte que este libro no fue escrito para que lo disfrutaras. Tampoco te está presentando un simple método más de oración. El propósito de este libro es ofrecerte una forma en la cual en Señor Jesús *puede tomar posesión total de ti.*

Cuando el Señor comience a hacer esto poco a poco, a tomar posesión plena de ti, es cierto que vas a comenzar a disfrutar de la sensación de su presencia. Vas a hallar que esta sensación de la presencia del Señor te va a venir de una manera muy natural. Tanto la oración con la que comenzaste, y el sentido de su presencia *que acompaña a esa oración,* terminarán convirtiéndose en parte normal de tu experiencia diaria.

Una serenidad y una paz poco corrientes se van a ir extendiendo poco a poco sobre tu alma. Toda tu oración, toda tu experiencia, van a comenzar a entrar en un nuevo nivel.

Entrar en su presencia

¿Cuál es ese nuevo nivel? Es la oración. La oración que está formada de silencio. Y mientras te hallas en este silencio, Dios derrama dentro de ti un amor profundo e interno. Esta experiencia de amor es tal, que va a llenar y penetrar todo tu ser. No hay forma de describir esta experiencia, este encuentro. Sólo te podría decir que este amor que el Señor derrama en lo más profundo de tu ser es el comienzo de una bienaventuranza indescriptible.

Quisiera que me fuera posible hablarte en este librito sobre los niveles de experiencias in fin que puedes tener con el Señor, experiencia que se derivan de este encuentro con Dios. Pero debo recordar que este librito ha sido escrito para principiantes. Por eso espero que en algún día futuro pueda relatarte estas experiencias más profundas.

No obstante, hay algo que quiero decir. Cuando te acerques al Señor, aprende gradualmente a mantener callada la mente ante Él. Una de las cosas más importantes que puedes hacer, es cesar en todos tus esfuerzos propios. De esta forma, Dios mismo puede actuar solo. El salmista estaba hablando por el Señor cuando dijo: "Estad quietos, y conoced que yo soy Dios" (Salmo 46:10).

Este versículo te da una nueva comprensión de tu propia mente. Tu naturaleza propia se apega con tanto agrado a sus propios esfuerzos, que simplemente no puede creer que esté pasando nada dentro de tu espíritu. A menos que la mente pueda sentir y comprender, se niega a creer que el espíritu esté teniendo experiencias.

La razón por la cual a veces no puedes *sentir* la obra de Dios dentro de ti, es que esa obra se realiza plenamente dentro de la esfera del espíritu, y no de la mente. Algunas veces, Dios obra en ti con bastante rapidez, y sin embargo, la mente no está consciente siquiera de que estés realizando progresos. Las obras de Dios en ti, siempre crecientes, están absorbiendo las obras de tu yo.

—MME. GUYON

TRANQUILIZAR EL ALMA

Como ves, hay dos clases de personas que se quedan calladas. La primera es la que no tiene nada que decir, y la otra es la que tiene demasiado que decir. En el caso de este encuentro más profundo con el Señor, esta segunda situación es la cierta. El silencio es producido por el exceso, no por la falta. Una cosa es morirse de sed; otra muy distinta es ahogarse. Sin embargo, es el agua la que causa ambas cosas. En una, es la falta de agua la que causa la muerte, mientras que en la otra, es el exceso de agua.

Esta experiencia con Cristo tiene sus comienzos en una forma sencilla de orar. Sin embargo, gradualmente, sigue adelante. La experiencia se hace más profunda, hasta que la plenitud de la gracia paraliza por completo la actividad del yo. Por tanto, verás por qué tiene importancia suma que permanezcas tan calmado como te sea posible.

¿Puedo ilustrar esto de nuevo? Cuando nace un niño, obtiene la leche del seno materno a base de mover los labios. Sin embargo, una vez que comienza a fluir la leche, el niño se limita a tratarla, sin hacer más esfuerzos. Si el bebé siguiera con sus esfuerzos, se haría daño, derramaría la leche, y tendría que dejar de alimentarse.

Ésta debe ser tu actitud en la oración. Debes actuar de esta misma forma, sobre todo al principio. Extrae con delicadeza. Pero cuando el Señor fluye de tu espíritu a tu alma, cesa toda actividad. ¿Cómo comienzas? Moviendo los labios, agitando los afectos de tu amor por el Señor. Tan pronto como la leche del amor divino comience a fluir libremente, quédate tranquilo; no hagas nada. En lugar de esto, con gran sencillez y dulzura, recibe esa gracia y ese amor. Cuando esta gracia, esa sensación del amor del Señor, cese de fluir, es hora de nuevo de agitar tus afectos. ¿Cómo? De la misma forma que lo hace el niño, moviendo los labios.

Todo este tiempo, quédate muy tranquilo. Si te acercas al Señor de alguna otra forma, no vas a hacer el mejor uso de su gracia. Como verás, el Señor te ha dado esa sensación de su presencia para atraerte hacia una reposada experiencia de amor. No hay ni que decir que su presencia no te ha sido dada para que agites actividad alguna de tu propio yo.

—Mme. Guyon

La abundancia

Al principio mismo de este recorrido, hallaste que la única preparación que necesitabas, era un sosegado esperar ante Dios. Lo mismo es cierto en este nuevo nivel de experiencia. Ya no se trata de una experiencia poco frecuente; ni siquiera de una experiencia ocasional; poco a poco, se va convirtiendo en tu experiencia *diaria*. La presencia de Dios se comienza a derramar dentro de ti. Al final, va a ser tuya casi sin interrupción alguna.

Al principio, eras llevado a su presencia por la oración; pero ahora, a medida que continúa esa *oración*, *se convierte* en realidad en su presencia. De hecho, ya no podemos decir que es la oración la que continúa. Es su presencia la

153

que continúa contigo. Esto se halla más allá de la oración. Ahora posees una bienaventuranza celestial. Comienzas a descubrir que Dios está más íntimamente presente para ti, que tú mismo, y te comienza a llegar una gran conciencia del Señor.

Te he dicho anteriormente acerca de cada una de estas experiencias con el Señor, que la única forma de hallarlo es volviéndonos hacia dentro. Allí, y sólo allí, lo podrás hallar. Ahora vas a descubrir que, tan pronto como cierres los ojos, te vas a ver envuelto en oración. Te vas a sentir asombrado de que te haya bendecido tanto.

Pro tanto, en este punto es donde es correcto presentarte otra experiencia más; una experiencia que se produce en lo más profundo de tu ser.

Dentro de ti, nace una conversación interna con Dios.

Esta conversación es sumamente agradable, y lo más asombroso con respecto a ella, es que no hay circunstancia exterior alguna que la pueda interrumpir.

Ahora ves lo lejos que te puede llevar esa sencilla oración que comenzaste. Te puedo decir de la "oración de simplicidad" lo mismo que fue dicho de la sabiduría: "Todas las cosas buenas se reúnen en ella". (Libros apócrifos)

Y lo mismo se puede decir de esta experiencia más profunda con el Señor. La santidad fluye con tanta dulzura y facilidad del interior del creyente que ha avanzado hasta este punto, que hasta parece ser su naturaleza misma, que se derrama con esa dulzura y facilidad. El manantial de agua viva que hay dentro del espíritu brota con abundancia, produciendo todo tipo de bondad.

—MME. GUYON

Made in the USA
Las Vegas, NV
12 May 2022

48776547R10095